Norbert Loh

Felipe und Letizia

Die Krönung einer Liebe

Norbert Loh

Felipe und Letizia

Die Krönung einer Liebe

Droemer

Zum Autor:

Norbert Loh, geboren 1952, ist einer von nur drei Hofberichterstattern in Deutschland.
Seit nunmehr dreißig Jahren ist er für deutsche Medien tätig,
seit 1980 für die Zeitschrift *die aktuelle*.
Bei Droemer erschien kürzlich seine Biografie
»Silvia von Schweden. Eine deutsche Königin«.
Norbert Loh lebt und arbeitet in München.

Besuchen Sie uns im Internet:
www.droemer.de

Ein Unternehmen der Droemerschen Verlagsanstalt
Th. Knaur GmbH & Co. KG, München
Redaktion: Antje Nissen
Bildredaktion: Andrea Wagener
Umschlaggestaltung: ZERO Werbeagentur, München
Umschlagabbildung: Kompa/ABACA PRESS
Satz: Ventura Publisher im Verlag
Druck und Bindung: Appl, Wemding
Printed in Germany
ISBN 3-426-27342-X

2 4 3 5 1

Für alle Menschen, die irgendwo,
irgendwie und irgendwann
um ihre Liebe kämpfen mussten

Inhalt

1
Die Entscheidung

»Ohne Letizia will ich nicht
König werden«

König Juan Carlos von Spanien mit Königin Sofia und ihren Hunden im Park des Zarzuela-Palastes

Arm in Arm gingen König Juan Carlos und Königin Sofia durch den Park des Zarzuela-Palastes vor den Toren der spanischen Hauptstadt Madrid. Es war ein heißer Sommertag im August 2003. Über dem Palast flimmerte die Luft, obwohl es erst elf Uhr morgens war, und im Park lagen ein paar Rehe und Hirsche dösend unter den uralten, ausgeblühten Magnolienbäumen. Aus der Ferne hörte man das leise Plätschern von zwei Springbrunnen, die im maurischen Stil angelegt waren. Die Jasminbüsche, über und über mit zarten weißen Blüten übersät, verströmten ihren betörenden Duft, und in ihrem Schatten nahm ein gutes Dutzend Spatzen ein Sandbad.

Der König trug eine dunkelblaue Leinenhose, ein weißes Poloshirt und braune Schuhe. Die Königin ein rosenholzfarbenes Kostüm. Mit einem eleganten Fächer wedelte sie sich bedächtig Luft zu. Ihre Bewegungen waren rhythmisch und befanden sich fast im Einklang mit ihrem Atem.

»Was machen wir, wenn es schief geht?«, fragte Sofia ihren Mann, ohne ihn anzuschauen.

»Haben wir eine Wahl?«, fragte Juan Carlos zurück.

»Nein«, sagte sie und blickte ihn an.

Er schaute geradeaus und kratzte sich mit der linken

Hand die Wange. Das machte er immer, wenn er nervös war oder für eine knifflige Situation keine Lösung parat hatte.

»Magst du sie?«, fragte er.

»Ich kenne sie doch nur vom Fernsehen.«

»Und?«

»Ich weiß nicht ...«

Juan Carlos atmete tief durch und blieb schließlich im Schatten eines Baumes stehen. Langsam zog er seine Frau an sich und schaute ihr in die Augen. Sie hob die Brauen. Er wusste, dass sie in schwierigen familiären Situationen die Stärkere war. Aber jetzt brauchte auch sie eine Schulter zum Anlehnen. In knapp sechs Stunden, um 17 Uhr, würde ihr Sohn Felipe ihnen die Frau vorstellen, die er zu heiraten beabsichtigte: Letizia Ortiz. Bürgerlich. Geschieden. Fernsehansagerin.

Der Kronprinz hatte damit gedroht, auf alle Thronrechte zu verzichten, wenn er dieses Mädchen nicht heiraten durfte, und darauf gedrängt, sie im Palast vorzustellen. Nun war es also bald so weit ...

Zuvor hatte das Königspaar das Mittagessen mit seiner ältesten Tochter, der Infantin Elena, und deren Ehemann Jaime de Marichalar y Sáenz de Tejada im Zarzuela-Palast eingenommen. König Juan Carlos hatte die beiden anlässlich ihrer Hochzeit im März 1995 durch ein königliches Sonderdekret zum Herzogspaar von Lugo ernannt. Dieser Titel ist nicht vererbbar, räumt ihnen aber gewisse Sonderstellungen in Spanien ein. Infantin Elena hatte sich noch nie zu den Liebschaften und Affären ihres Bruders Felipe geäußert. Nicht privat und schon gar nicht in der Öffentlichkeit. Darum erwarteten weder König Juan Carlos noch Königin Sofia bei diesem Lunch eine Meinung über Letizia Ortiz. Sie wussten, dass Elena die Wahl des Kronprinzen mit keinem Wort kommentieren würde, denn die Infantin ist

Infantin Elena von Spanien und ihr Ehemann Jaime de Marichalar y Sáenz de Tejada

für ihre Verschwiegenheit und Toleranz bekannt. Auch wenn sie wusste, dass besonders ihrer Mutter an einer Schwiegertochter aus königlichem Hause lag, war mit ihr über dieses Thema zu keiner Zeit zu diskutieren.
Den ganzen Nachmittag verbrachte der König in seinem Arbeitszimmer, und die Königin hatte sich ebenfalls zurückgezogen, um einige wichtige Telefonate zu führen. In Situationen, die ihr Kopfzerbrechen verursachen, ruft sie meist ihren Bruder Konstantin in London an. Er ist der ehemalige König von Griechenland und gilt als einer ihrer engsten und wichtigsten Vertrauten. Sie unterhalten sich auf Griechisch, und da niemand im Zarzuela-Palast die Sprache versteht, bleiben ihre Gespräche geheim. Man kann also getrost davon ausgehen, dass Königin Sofia auch an diesem Nachmittag zum Hörer griff, um die Nummer ihres Bruders in London zu wählen.

Kurz vor 17 Uhr fanden sich Juan Carlos und Sofia wieder im Großen Salon ein. Der Raum ist gemütlich und wird von der königlichen Familie als Wohnzimmer benutzt. An den Wänden hängen sowohl Gemälde von Ahnen als auch von den drei Königskindern Elena, Cristina und Felipe. Um einen Glastisch sind Sofas und Sessel mit großblumigen Mustern gruppiert, und auf einer Anrichte stehen in silbernen Rahmen Fotos von anderen gekrönten Häuptern: Königin Elizabeth von Großbritannien und Prinz Philip, König Carl Gustaf und Königin Silvia von Schweden, Königin Beatrix der Niederlande und Prinz Claus, Königin Margrethe von Dänemark und Prinz Henrik. Ein Bild von Persiens ehemaliger Kaiserin Farah rundet die Sammlung ab. Farah Diba ist eine persönliche Freundin von Königin Sofia. Alle Bilder sind von den Monarchen und Königlichen Hoheiten signiert.
Pünktlich um 17 Uhr fuhr die dunkelblaue Hoflimou-

sine des Kronprinzen vor. Ein Lakai öffnete die Tür des Wagens, und Felipe und Letizia stiegen aus.
»Da sind wir also«, sagte der Kronprinz aufmunternd, aber man konnte ihm seine Aufregung anmerken. Letizia nickte nur und atmete einmal ganz tief durch, bevor sie zusammen in den Palast gingen.
Im Großen Salon lächelte Felipe seinen wartenden Eltern zu, und die junge Frau an seiner Seite versuchte es ihm gleichzutun. Mit einem tiefen Hofknicks begrüßte Letizia Ortiz erst den König und dann die Königin. Felipe umarmte seinen Vater. Dann gab er seiner Mutter einen Handkuss und anschließend ein Küsschen auf beide Wangen. Mit einer Handbewegung forderte der König alle auf, sich zu setzen, anschließend wurden Kaffee und Mineralwasser gereicht.
Dreißig Minuten dauerte dieser bedeutungsvolle Besuch hinter verschlossenen Türen, dann geleitete der Kronprinz seine Freundin wieder zum Wagen. Ein Fah-

Kronprinz Felipe mit seinen Eltern im Großen Salon des Zarzuela-Palastes. Im Hintergrund Fotos mit Widmungen von europäischen Monarchen

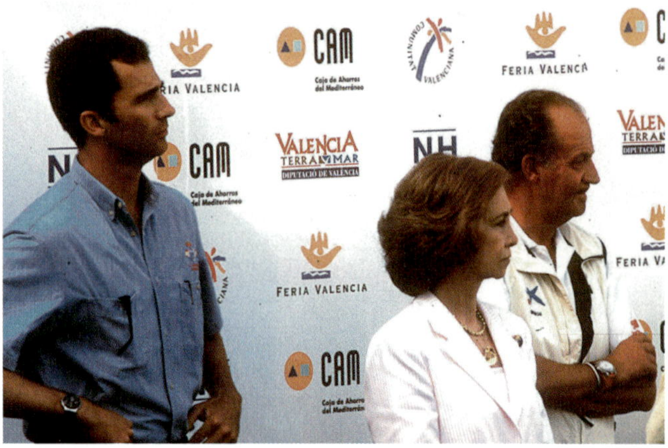

Kronprinz Felipe – nicht immer in harmonischem Einklang mit seinen Eltern

rer brachte sie zurück nach Madrid – allein. Der Kronprinz kehrte ohne sie in den Großen Salon zurück. Schon am Gesichtsausdruck seiner Eltern konnte Felipe erkennen, dass sie mit der Wahl seiner Braut nicht einverstanden waren. Hatte er etwas anderes erwartet?
»Ja!«, sagten seine Freunde später.
Schließlich war Letizia Ortiz nicht irgendein Mädchen, sondern es war vielmehr so, als hätte er in ihr endlich seine große Liebe gefunden. Bei seinen Ex-Freundinnen Isabel Sartorius und Eva Sannum war Felipe sich nicht ganz sicher gewesen und hatte sie seinen Eltern auch nicht vorgestellt. Aber bei Letizia lagen die Dinge anders.
Erneut vergingen dreißig Minuten, die der Kronprinz mit seinen Eltern hinter verschlossenen Türen verbrachte. Kein lautes Wort drang in den Flur, aber als Felipe anschließend in seine Suite ging, teilte er auf dem Weg dorthin einem Hofdiener mit, dass er beim Abendessen nicht zugegen sein würde. Stattdessen fuhr er kurz nach Einbruch der Dunkelheit mit seinem Leibwächter zurück in die Stadt, um Letizia zu treffen.

Die Skepsis seiner Eltern bestärkte Kronprinz Felipe nur noch mehr in seinem Entschluss, um seine Liebe zu

kämpfen. Das würde keine leichte Aufgabe sein, aber der Kronprinz war zu diesem Zeitpunkt bereits fünfunddreißig Jahre alt und wollte sich keine Vorschriften mehr machen lassen. Hier ging es schließlich um seine Zukunft, und diese wollte er nur mit der Frau an seiner Seite verbringen, die er liebte.
Als disziplinierter Sohn und gehorsamer Thronfolger Spaniens hätte er auch zu allem Ja und Amen sagen können, was seine Eltern ihm vorschlugen, um in absehbarer Zeit eine junge katholische Prinzessin aus königlichem Hause zu heiraten. So, wie es seit Jahrhunderten in Herrscherhäusern Brauch war. Aber in den europäischen Königshäusern gibt es eine neue Generation junger Royals, die sich ihre Wahl nicht mehr länger von der Konvention vorschreiben lassen will. Felipe ist einer von ihnen.

Man bedenke, dass ein junges Paar früher nicht einmal gefragt, sondern aus strategischen Gründen und nur zum Vorteil der jeweiligen Dynastie verheiratet wurde. Die beiden so genannten »Liebenden« einer arrangierten Verbindung hatten froh sein können, wenn man ihnen wenige Tage vor Bekanntgabe der Verlobung ein erstes Treffen zu zweit gestattete. »Politische Hochzeiten« wurde dieses Vorgehen genannt. Wie es den Oberhäuptern in Schweden und Dänemark oder Spanien und Frankreich gerade ins Konzept passte, wurden ihre Kinder zum Wohle des Staates vermählt; mitunter mussten sogar Cousins und Cousinen heiraten. Verständlicherweise war das Wort »Liebe« für viele junge Thronfolger daher ein Fremdwort. Wenn die politisch vermählten Paare großes Glück hatten, entstand irgendwann im Laufe ihrer Ehe so etwas wie Zuneigung. Sehr selten jedoch Liebe.
Es war daher üblich, sich mit der Situation zu arrangieren. Viele Kronprinzenpaare und spätere Königspaare

Ein abschreckendes Beispiel: Kronprinz Charles von Großbritannien und seine Frau Diana Prinzessin von Wales

schwangen sich im Laufe der Jahre aus reiner Verzweiflung zu schauspielerischen Glanzleistungen auf. Vor der Bevölkerung traten sie als eine harmonische Einheit auf und ließen ihr »Glück« in der Öffentlichkeit professionell umjubeln. Aber das Leben hinter den dicken Palastmauern blieb geheim. Kein Mensch aus dem Volk wäre je auf den Gedanken gekommen, dass die königliche Eheharmonie nur gespielt war. Zumal die Betroffenen auf offiziellen Hoffotos mit drei, vier, fünf oder gar sechs Kindern in die Kameras lächelten. Doch hinter den Kulissen waren getrennte Schlafzimmer, oft auch in verschiedenen Flügeln des Schlosses, ganz normal. Was für ein Familienidyll!

Bei den nachfolgenden Generationen trat jedoch im Laufe der Zeit ein Sinneswandel ein. Europas Thronfolger lassen sich heute, im 21. Jahrhundert, keine Ehe mehr vorschreiben, und die jungen Royals halten zusammen wie Pech und Schwefel. Da sie sich alle von Kindheit an kennen, laufen die Telefone oft heiß. Ob es sich um Kronprinz Haakon und Prinzessin Mette-Marit handelt oder um die Thronfolger des Hauses Oranje in den Niederlanden, um nur ein paar Beispiele zu nennen – sie alle befanden und befinden sich in derselben Situation und geben sich gegenseitig Ratschläge. Jeder lernt von den Fehlern und Taktiken des anderen.

Ausgelöst wurde dieser Gesinnungswechsel nicht zuletzt durch das abschreckende Beispiel der Ehe von Kronprinz Charles von Großbritannien und Lady Diana Spencer. Dem Prinzen von Wales hätte man bei seinem Jawort in der Westminster Abtei einen Oscar für die beste Nebenrolle der Welt verleihen sollen. Geliebt hatte der damals zweiunddreißigjährige Sohn von Königin Elizabeth seine zwanzigjährige Braut Diana nie, denn die Frau seines Lebens hieß damals schon Camilla Parker Bowles. Aber da sie bürgerlich war, hatte er sie nicht heiraten dürfen und es den Hofschranzen und sogenannten »guten Freunden« der Königsfamilie Windsor überlassen, nach einer geeigneten Frau zu suchen. Mehr als dreißig junge britische Ladys von adeliger Herkunft waren dem Thronfolger mehr oder weniger zweckbetont vorgestellt worden. Er hatte sich zum Schluss sogar schon einen Spaß daraus gemacht, »die jungen Dinger« auf die Wange zu küssen und sie erröten zu sehen. Er war sich nie sicher gewesen, ob sie *ihn* mochten oder die Aussicht, an seiner Seite einmal Königin von England zu werden.

Aber das war unbedeutend gewesen, denn er hatte sein Herz bereits an Camilla verschenkt. Heute ist es kein Geheimnis mehr, dass er seiner Mutter damals unmissverständlich klar gemacht hatte: »Ich heirate. Aber Camilla ist ein nicht verhandelbarer Teil meines Lebens.«

Im Klartext hatte das bedeutet: »Ich werde eine Frau heiraten, die ich nicht liebe, und wie auch immer sie heißen mag, Camilla werde ich für sie niemals aufgeben.«

Prinz Charles von England in Begleitung seiner Lebensgefährtin Camilla Parker Bowles bei den Highland Games, Schottland

Die Queen hatte also gewusst, dass die künftige Frau an Charles' Seite niemals mehr als eine Lückenbüßerin sein würde.
Das Los war damals bekanntermaßen auf Lady Diana Spencer gefallen. Nicht, weil Charles sich für dieses »junge Ding« interessierte, sondern weil ausgerechnet Camilla Parker Bowles sie für ihn mit den Worten ausgesucht hatte: »Die wird uns in Zukunft am wenigsten Schwierigkeiten bereiten!«
Eine dramatische Fehleinschätzung mit damals noch ungeahnten Folgen, die der Öffentlichkeit mittlerweile hinlänglich bekannt sind. Das »junge Ding« Diana hatte sich tatsächlich in Charles verliebt, aber er sich leider nicht in sie. Sein Herz schlug weiterhin nur für Camilla. Daran hatten auch die Söhne William und Harry nichts ändern können, die Diana Charles schenkte. Eine Freundin von Camilla Parker Bowles hatte die Situation im September 1984 nach der Geburt des Prinzen Harry folgendermaßen kommentiert: »Zwei Söhne sind ausreichend für den Fortbestand der Krone. Der Mohr hat seine Schuldigkeit getan …«
Die Geschichte der Ehe von Prinz Charles und Prinzessin Diana zählt zu den traurigsten Kapiteln der Monarchie in Großbritannien. Sie fand ihren tragischen Höhepunkt nach der Scheidung, als Prinzessin Diana, wie jeder weiß, am 31. August 1997 bei einem Autounfall in einem Tunnel im Zentrum von Paris ums Leben kam. Die Umstände ihres Todes sind bis heute ungeklärt.

Die jungen Royals Europas sind sich darin einig, dass ihnen ein derartiges Arrangement nicht passieren wird. Lieber fordern sie das Schicksal heraus und stehen zu ihren Entscheidungen in Liebesdingen.
Es zeichnet sich eine schleichende Palastrevolution in den meisten Königshäusern ab, denn was früher als undenkbar galt, wird heute erkämpft, und zwar mit allen

Mitteln. Diese reichen bis zu der ernsten Drohung: »Dann verzichte ich eben auf den Thron!« Insbesondere von sehr traditionell geprägten Königspaaren wird diese Haltung als regelrechte Erpressung interpretiert – aber es ist der einzige Weg für ihre Nachfolger, die Liebe gewinnen zu lassen.

Alle erstgeborenen Königskinder werden von Geburt an darauf vorbereitet, eines Tages den Thron zu besteigen. Ihr Leben ist vollkommen vorherbestimmt und verplant, aber sie haben keine Angst davor, denn sie kennen es nicht anders. Die Bürde der Krone empfinden sie als eine unumgängliche Pflichterfüllung. So ist es für alle Thronfolger selbstverständlich, an ihrem 18. Geburtstag den Eid auf die Verfassung abzulegen, einen Eid für Volk und Vaterland, ganz wie es das Protokoll verlangt. Aber den heiligen Eid der Ehe will die neue Generation aus freien Stücken und dem Herzen folgend ablegen. Dafür, sagt sie, lohnt es sich zu kämpfen.

Lange Zeit lebten auch die königlichen Eltern in der Hoffnung, dass sich Tradition und echtes Eheglück für ihre Kinder in Übereinstimmung bringen lassen würden. Immer wieder wurden in Schweden, Dänemark, Norwegen, Spanien und in den Niederlanden prunkvolle Adelsbälle organisiert, zu denen man die aussichtsreichsten Prinzessinnen und Prinzen aus ganz Europa einlud. Natürlich befanden sich auch die Thronfolger der jungen Generation unter der illustren Gästeschar.

»Es muss doch verdammt noch mal möglich sein, dass auf so einem Fest der berühmte Funke überspringt«, hatte ein verzweifelter Zeremonienmeister einmal nach dem vierten Ball gesagt, auf dem jeder Anbahnungsversuch erfolglos blieb.

»Schließlich ist alles, was Rang und Namen hat, hier vertreten.«

Aber Liebe kann man weder erzwingen noch bestellen. Zwar hatte es viele hübsche Prinzessinnen auf solchen

Veranstaltungen gegeben, die sich Hoffnungen machten, aber die meisten Thronfolger waren längst in bürgerliche Mädchen verliebt, die nicht »aufgedonnert mit ihren Juwelen um die Wette funkelten«. So jedenfalls hatte sich ein Prinz aus dem ehemaligen französischen Königshaus im Sommer 2002 ausgedrückt und noch hinzugefügt: »Auf diesen Bällen weiß doch jeder, worum es eigentlich geht. Die Königssöhne machen das ein paar Mal mit, um ihren Eltern einen Gefallen zu tun. Aber das affektierte Gehabe der adligen Mädchen, die vor jedem Tanz einen Hofknicks machen, geht ihnen gegen den Strich. Wir leben doch in einer ganz anderen Zeit. Die Prinzen möchten eine Frau an ihrer Seite, die mit beiden Beinen im Leben steht. Und nicht, verzeihen Sie den Ausdruck, ein zartbesaitetes adliges Püppchen, das pausenlos hüstelt und völlig weltfremd ist.«

Auf der Suche nach dem Gegenteil eines »zartbesaiteten adligen Püppchens« war Kronprinz Haakon von Norwegen als erster Thronfolger erfolgreich. Der Sohn von König Harald und Königin Sonja hatte sich unsterblich in die Bürgerliche Mette-Marit Tjessen Hoiby verliebt, was eigentlich kein unüberwindliches Problem am aufgeschlossenen Hof in Oslo hätte sein dürfen, wenn man sich noch einmal die Geschichte von König Harald und Königin Sonja in Erinnerung ruft:
Königin Sonja war auch bürgerlich als Tochter eines Kaufmanns in Trondheim geboren. Sie stammte aus einer intakten Familie, bei der selbst die königlichen Spione keinen Skandal ausfindig machen konnten. Immer hatte der damalige Kronprinz Harald seinem Vater König Olav gegenüber betont, dass Sonja die Liebe seines Lebens sei.
»Das ist ein Rausch, der vorbeigeht«, war die Meinung des alten Königs gewesen, »sie ist keine Frau für dich. Schluss, aus, basta!«

Was der verliebte Harald damals nicht hatte wissen können: Sein Vater, König Olav, hatte in langen Gesprächen mit König Paul und Königin Friederike von Griechenland längst abgemacht, dass deren Tochter, Prinzessin Sofia, seinen Sohn Harald heiraten sollte. Als Harald das erfuhr, reagierte er außer sich vor Entsetzen: »Sofia ist nett. Aber ich liebe sie nicht. Ich liebe Sonja!«
Harald war damals, Anfang der sechziger Jahre des letzten Jahrhunderts, der erste Kronprinz gewesen, der mit Thronverzicht gedroht hatte. Die Monarchie in Norwegen stand auf der Kippe. Harald hatte zwar noch zwei Schwestern, Prinzessin Astrid und Prinzessin Ragnhild, aber damals durften nur männliche Nachfahren die Krone übernehmen. Schließlich war König Olav nichts anderes übrig geblieben, als das norwegische Parlament um die Genehmigung der Hochzeit seines Sohnes Harald mit der bürgerlichen Sonja Haraldsen zu bitten. Die Regierung hatte zugestimmt, und damit hatte das Schicksal die Karten anders gemischt, als König Olav von Norwegen und König Paul von Griechenland es ursprünglich geplant hatten. Wäre es nach ihnen gegangen, dann wäre Prinzessin Sofia von Griechenland heute Königin von Norwegen – und nicht Königin von Spanien.

König Harald von Norwegen und Ehefrau Königin Sonja, mit bürgerlichem Namen Haraldsen

Mit dem Wissen, dass die Liebe sich in der eigenen Familie schon einmal über alle Grenzen hinweggesetzt hatte, wollte der heutige Kronprinz Haakon von Norwegen also seine Eltern König Harald und Königin Sonja von seiner Liebe zu Mette-Marit überzeugen. Im Prinzip war das Königspaar auch mit der Wahl ihres Sohnes einverstanden, aber es gab noch etwas, das Haakon ihnen beichten musste: Mette-Marits unehelichen Sohn nämlich, den kleinen Marius. Er stammt aus Mette-Marits Beziehung zu Morten Borg, einem jungen Mann, der mit Drogenhandel in Verbindung gebracht wurde. Marius war in einer Liebesnacht entstanden, die Mette-Marit heute als den größten Fehler ihres Lebens bezeichnet. Aber damals war es nun einmal geschehen, und die junge Frau hatte das Kind, das unter ihrem Herzen zu leben begann, nicht abtreiben wollen.

Niemand kann wissen, wie viele schlaflose Nächte König Harald und Königin Sonja verbracht haben. Einerseits wollten sie ihrem einzigen Sohn die große Liebe nicht verbieten. Sie erinnerten sich schließlich noch genau daran, wie es ihnen selbst damals ergangen war. Andererseits mussten sie aber auch an das Wohl ihres Landes denken. Wie würden die Norweger reagieren, wenn ihr Kronprinz und künftiger König eine Frau mit einem unehelichen Kind heiratete? So etwas hatte es noch nie zuvor in einer europäischen Monarchie gegeben.

Wie sich schließlich herausstellte, waren die Befürchtungen des Königs völlig unbegründet: Als bekannt wurde, dass Haakon die hübsche Mette-Marit und ihren Sohn liebte, waren 87 Prozent der Norweger für eine Hochzeit. Das hatte es dem König wahrlich leicht gemacht, die Regierung um die Einwilligung zur Hochzeit seines Sohnes zu bitten. Die Bitte wurde einstimmig angenommen, und ein weiterer Sieg der Liebe über die höfische Konvention war erreicht worden.

Einen Monat vor der Hochzeit, Ende Juli 2001, flog Kronprinz Felipe von Spanien inkognito nach Norwegen, um sich in Oslo mit Kronprinz Haakon und Mette-Marit zu treffen. Mit von der Partie war auch das Model Eva Sannum, Felipes norwegische Freundin. Sie hatte sich zu diesem Zeitpunkt noch Hoffnungen gemacht, den spanischen Kronprinzen eines Tages zu heiraten, denn sie liebte ihn, und er war ihr verfallen. Doch leider tauchten wenig später Fotos von Eva Sannum auf, die sie auf einer Modenschau in Dessous zeigten. Es waren harmlose Bilder, wie man sie aus jedem Kata-

Ungewollte Nähe: Eva Sannum neben Kronprinz Felipe von Spanien anlässlich Mette-Marits Brautsoiree im königlichen Schloss von Norwegen

log kennt. Aber die zukünftige Königin von Spanien für jeden sichtbar in Unterwäsche? Unmöglich. Das wusste auch Felipe und sah keine Chance mehr für seine Leidenschaft. Gentleman, der er ist, wollte er die Beziehung in der Folge so harmonisch wie möglich beenden. Leicht war das allerdings nicht. Wo Felipe auf Verständnis gehofft hatte, fing Eva an, sich an ihn zu klammern, und ein rasches Ende ohne Schrecken war nicht in Sicht.

Am 24. August 2001 feierten Kronprinz Haakon und seine Mette-Marit ihren Polterabend. Über 300 Gäste waren zu der Brautsoiree ins Königsschloss geladen worden. Unter ihnen alle Thronfolger Europas sowie zahlreiche Prinzessinnen und Prinzen. Und auch Eva Sannum.

Wie der Zufall – oder ein Fehler des Protokolls – es wollte, war sie die Tischdame von Felipe. Er machte das Beste daraus, obwohl er ihr zuvor bereits in langen Telefonaten mitgeteilt hatte, dass es keine Zukunft für eine Beziehung geben würde. Felipe hatte Eva an diesem Abend mehr oder weniger notgedrungen auch zum Tanz geführt. Da solche Bälle hier und da auch im Fernsehen übertragen werden und Dutzende Foto-

Ein Sieg der Liebe: Kronprinz Haakon von Norwegen und die Bürgerliche Mette-Marit. Der ungewöhnlich lange Brautstrauß aus norwegischen Wiesenblumen wurde extra auf Mette-Marits Wunsch gefertigt

grafen akkreditiert worden waren, erschienen die Bilder von Felipe und Eva Sannum am nächsten Morgen in vielen Tageszeitungen, teilweise mit dem Kommentar versehen: »Das ist das nächste Brautpaar!«

Felipe hatte keine Zeit mehr, sich gegen derartige Berichte zu wehren. Bereits am nächsten Tag, dem 25. August 2001, erschien seine Mutter Königin Sofia zur königlichen Hochzeit in Oslo. Man hatte ihr die

norwegischen Tageszeitungen mit den Fotos ihres Sohnes und Eva Sannum vom Polterabend natürlich vorgelegt.
»Was hat das zu bedeuten?«, hatte die Königin den Kronprinzen nachdrücklich gefragt.
»Nichts, Mama, nichts«, hatte er geantwortet.
Sofia fixierte die Augen ihres Sohnes, der sie um zwei Köpfe überragte, doch er erwiderte ihren Blick nicht. Stattdessen war er sehr damit beschäftigt, sein Handy auszuschalten, bevor er mit seiner Mutter in die Limousine stieg, die sie in die Kirche zur Hochzeit von Haakon und Mette-Marit bringen sollte.
Der Dom von Oslo war mit Tausenden weißen und gelben Blumen geschmückt. Leise erklang Orgelmusik, als Kronprinz Haakon und Mette-Marit sich nach dem Jawort küssten. Tränen waren der Braut, die jetzt Kronprinzessin von Norwegen und künftige Königin war, über die Wangen gelaufen. Vor allen Leuten hatte sie das Gesicht ihres Mannes noch einmal in beide Hände genommen und ihm tief in die Augen gesehen. Dann hatte sie sich umgedreht und die Hand nach ihrem kleinen Sohn Marius ausgestreckt, der eines der Brautkinder war. Lächelnd hatte der Kleine zuerst die Hand seines neuen Papas Haakon genommen und sich dann an seine Mami geschmiegt. Eine glückliche Familie. Was spielte es noch für eine Rolle, unter welchen Schwierigkeiten sie zustande gekommen war?
Auch die Hochzeitsgäste waren zutiefst gerührt, sogar Königin Sofia von Spanien! Sie hatte sich von dem Anblick der drei liebenden Menschen mitreißen lassen und bewegt ihre Hand auf die ihres Sohnes gelegt. Doch dann richtete sie sich gleich wieder auf, denn es galt, die Etikette zu wahren und möglichst milde zu lächeln. Die Affäre »Dessous-Model Eva Sannum« schien ja vorüber zu sein. Und die Möglichkeit, dass ihr einziger Sohn Felipe eines Tages ebenfalls eine bürgerliche

Mette-Marits Sohn Marius bei der Hochzeit seiner Mutter

Frau, wenn auch ohne ein uneheliches Kind, zur Königin von Spanien machen würde, lag außerhalb ihrer Vorstellungen. Wie auch hätte Königin Sofia damals im Dom von Oslo ahnen können, dass Felipe ihr eines Tages eine neue Variante, nämlich eine geschiedene Frau als Schwiegertochter präsentieren würde?
Die gelungene Hochzeit von Kronprinz Haakon von Norwegen und Mette-Marit verfehlte nicht ihre Signalwirkung auf die anderen ledigen Thronfolger. Endlich war der Bann gebrochen, und ein bisher unbegehbarer Pfad schien sich aufzutun. Hoffnung keimte auf – aber war eine Wiederholung des Liebessieges von Haakon und Mette-Marit wirklich möglich? Hatte nicht jede Monarchie, jedes Land und jedes Volk seine Besonderheiten?
Doch ein weiteres Beispiel aus einem bekannten Königshaus beweist, dass die Liebe keine Grenzen kennt – sie ist überall gleich.

Im Büro des niederländischen Kronprinzen Willem-Alexander hängt gegenüber vom Schreibtisch ein kleines Schild mit der Aufschrift »Es ist was es ist – sagt die Liebe«. Ein wahrer Satz aus einem berühmten Gedicht von Erich Fried, auch wenn er vielleicht leichter gesagt ist als in die Realität umgesetzt. Das Schildchen ist ein Geschenk von Máxima Zorreguieta. Sie hat es ihm geschenkt, als er ihr die erste Liebeserklärung machte. Damals war das mehr aus Jux geschehen, denn sie hatte bei ihrem ersten Kennenlernen nicht gewusst, wer er war.
Willem-Alexander und Máxima hatten sich auf einer Party in der Karibik, auf den Niederländischen Antillen, getroffen. Zu vorgerückter Stunde hatten sie im Licht des Vollmondes mit anderen Paaren am Strand getanzt und waren plötzlich im knietiefen Wasser des Meeres versunken. Maxima hatte schallend gelacht und Willem-Alexander einen neckischen Klaps auf den

Po gegeben. So etwas hatte er noch nie erlebt; keine vor Máxima hatte es je gewagt, den niederländischen Kronprinzen so locker zu behandeln. Aber gerade diese erfrischend natürliche Art hatte den Kronprinzen verzaubert, und am nächsten Morgen wollte Kronprinz Willem-Alexander dieses ungewöhnliche Mädchen wiedersehen. Máxima war jedoch schon in aller Frühe abgereist.

Liebe auf den ersten Blick: Kronprinz Willem-Alexander der Niederlande mit Máxima bei einem Besuch der Niederländischen Antillen

»Das haben wir so geregelt wie immer«, hatten seine Leibwächter dem verdutzten Kronprinzen erklärt.
»Nein, nein!«, hatte dieser sofort gerufen. »Ich muss sie wiedersehen. Da war gestern nichts weiter zwischen uns. Aber – ich bin verliebt.«
Die Bodyguards schüttelten den Kopf und dachten: »Er ist verliebt! Das kann ja heiter werden.«
Sie wussten, dass er es ernst meinte. Wie alle Sicherheitsbeamten, die für königliche Hoheiten arbeiten, sind auch die des niederländischen Hofes besonders gut ausgebildet und haben nicht nur die Aufgabe, die Mitglieder der königlichen Familie zu bewachen. Sie müssen die betreffenden Personen auch in- und auswendig kennen, um ihre Reaktionen einschätzen zu können. In gefährlichen Situationen kann genau das lebensrettend sein. Daher hatten Willem-Alexanders Bodyguards in diversen Trainingslagern alle denkbaren Alltagssituationen geprobt und waren auch auf die eingestellt, die jetzt plötzlich eingetreten war und »Verliebter Kronprinz« hieß.
Willem-Alexander und Máxima trafen sich in den folgenden Monaten regelmäßig. »Es war ihr Lachen, das mich um den Verstand brachte«, sagte der Thronfolger später. »Und ihre ungezwungene Art, die Dinge beim Namen zu nennen.«
Die beiden Liebenden genossen jede Sekunde wie eine Ewigkeit. So viel Freude und Spaß hatte keiner von ihnen zuvor mit einem anderen Menschen erlebt, und das sprichwörtliche Wir-sind-füreinander-bestimmt

empfanden sie mit einer Selbstverständlichkeit, wie nur Verliebte sie fühlen können. Sie ließen sich auf den Flügeln ihrer Träume in den Himmel tragen. Aber der Umstand, dass sie eben kein gewöhnliches Liebespaar waren, sollte sie bald auf den Boden der Tatsachen zurückholen …

Als Willem-Alexander sich seiner Liebe ganz sicher gewesen war, hatte er seine Eltern um ein Gespräch gebeten. Sein Vater, Prinz Claus, war zu diesem Zeitpunkt, im Frühjahr 2001, bereits sterbenskrank und musste alle familiären Entscheidungen seiner Frau, Königin Beatrix, überlassen. Schwach und gebrechlich sagte er zu seinem Sohn: »Wenn du Máxima liebst, dann hast du meinen Segen.«

Prinz Claus sah dabei nicht Willem-Alexander an, sondern seine Frau und streichelte ihre Hand. Die Königin wog den Kopf, zog die Augenbrauen hoch und gab ihrem Mann einen Kuss auf die Stirn. Dann nickte sie. Und in seinen Mundwinkeln war ein Lächeln zu erkennen.

Königin Beatrix, damals noch Kronprinzessin der Niederlande, mit ihrem Ehemann Prinz Claus und Stammhalter Willem-Alexander

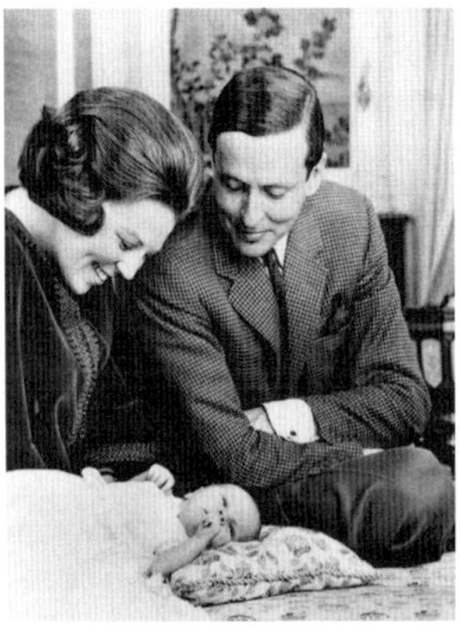

Beatrix wusste, dass Claus an die Zeit gedacht hatte, als sie sich ineinander verliebt hatten. Es war im Jahr 1965 gewesen. In dieser Zeit hatte die Liebe der damaligen Kronprinzessin Beatrix der Niederlande zu dem deutschen Prinzen Claus von Amsberg kaum eine Chance, weder in den Augen der Öffentlichkeit noch bei den Hofberatern. Aber dies ungewöhnliche Paar hatte zur Überraschung aller die Anfeindungen schließlich überstanden. Die Menschen, die bei der königlichen Hochzeit 1966 in Amsterdam aus Protest Rauchbomben vor die Kirche geworfen hatten, entschuldigten sich Jahre später bei Beatrix und Claus, und das Königspaar vergab ihnen. Irren ist schließlich menschlich.

»Mama, ich möchte dir Máxima vorstellen«, hatte Willem-Alexander an jenem Nachmittag seinen Eltern erklärt, und die Königin war einverstanden gewesen. Schon bei der ersten Begegnung war die Königin begeistert von Máxima Zorreguieta. Sie soll sogar gesagt haben: »Das ist eine Schwiegertochter nach meinem Herzen!« Eine solche Begeisterung ist ein Glücksfall für jeden Sohn, unabhängig davon, ob er bürgerlich oder königlich ist. Was sollte dem Glück jetzt noch im Wege stehen? Viel, wie sich kurz darauf herausstellte. Sehr viel sogar.

Königin Beatrix der Niederlande kann nämlich nicht allein entscheiden, wen ihr Sohn heiraten darf und wen nicht. Die Frau, die der Prinz ehelicht, wird an seiner Seite schließlich einmal Königin der Niederlande werden, und dazu muss das Parlament in Den Haag seine Zustimmung geben.

Getreu den Bestimmungen informierte Königin Beatrix den Regierungschef Wim Kok über die Heiratsabsicht ihres ältesten Sohnes und Nachfolgers Kronprinz Willem-Alexander.

Und damit nahmen entscheidende Dinge ihren Lauf.

Das gesamte bisherige Leben von Máxima wurde vom niederländischen Geheimdienst unter die Lupe genommen, und sofort schlugen die Ermittler in Den Haag die Hände über dem Kopf zusammen: Willem-Alexander, Prinz von Oranien, Thronfolger der Niederlande, *konnte* Máxima Zorreguieta keinesfalls heiraten, denn ihr Vater, Jorge Zorreguieta, war in den 80er Jahren Landwirtschaftsminister unter der Militärjunta in Argentinien gewesen! Viele tausend Menschen waren in dieser Zeit gefoltert und ermordet worden, und daher kam dieser Mann als Schwiegervater des künftigen Königs der Niederlande nicht in Frage. Mit anderen Worten: Seine Tochter Máxima durfte nicht in die königliche Familie einheiraten. Sollte Prinz Willem-Alexander eine

Hochzeit trotzdem in Erwägung ziehen, würde er auf alle Thronrechte verzichten müssen. Der Skandal war perfekt.

In langen Gesprächen unter vier Augen setzte Ihre Majestät die Königin alles daran, den Regierungschef doch noch zu überzeugen, dass ihr Sohn die Frau heiraten durfte, die er über alles liebte. Einfach war dieses Unterfangen nicht, aber schließlich gab das Parlament nach langen Debatten und Auseinandersetzungen seine Zustimmung. Allerdings unter einer Bedingung: Máximas Vater Jorge Zorreguieta durfte an der Hochzeit nicht teilnehmen. Er hat bis heute Einreiseverbot in die Niederlande, weil er dort als »unerwünschte Person« gilt. Was für ein harter Schlag für Máxima, die mit Zärtlichkeit an ihrem Vater hängt! Aber aus Liebe zu Prinz Willem-Alexander machte sie dies Zugeständnis und war mit der Anordnung notgedrungen einverstanden.

Wie jede junge Frau hatte auch Máxima davon geträumt, dass ihr Vater sie zum Traualtar führen und sie dem Mann übergeben würde, mit dem sie in guten und in schlechten Tagen ihr Leben verbringen wollte. Aber diese Vorstellung blieb ein Traum. Am 2. 2. 2002 schritt Máxima Zorreguieta an der Seite von Kronprinz Willem-Alexander durch das mächtige Hauptportal der Nieuwe Kerk in Amsterdam. Auf der rechten Seite vor dem Altar saßen die Angehörigen des Bräutigams, die gesamte niederländische Königsfamilie. Links Máximas Brüder Martin und Juan und ihre Schwester Inés.

Auf dem Höhepunkt der Trauungszeremonie sagte Kronprinz Willem-Alexander mit fester Stimme laut und deutlich: »Ja, ich will!«

Máxima schaute ihrem Bräutigam tief in die Augen und sagte leise ebenfalls: »Ja – ja, ich will.«

In diesem Augenblick wurde aus Máxima Zorreguieta offiziell Ihre Königliche Hoheit Máxima Prinzessin der

Trotz aller Hindernisse erlebten Kronprinz Willem-Alexander der Niederlande und Máxima eine Traumhochzeit

Niederlande, Prinzessin von Oranien. Es war die schönste Stunde ihres Lebens, aber ihre Eltern fehlten ihr schmerzlich.

Der Gottesdienst anlässlich der Trauung sollte heiter sein. So hatte es sich das Paar trotz des Fehlens der argentinischen Verwandtschaft gewünscht. Ein Kinderchor sang fröhliche niederländische Volkslieder. Dann kam eine große Überraschung für Máxima: Der Kronprinz hatte einen südamerikanischen Künstler engagiert, der eine argentinische Ballade auf der Gitarre spielte. Den Hochzeitsgästen in der Kirche liefen Schauer über den Rücken, und Millionen Zuschauer vor den Fernsehgeräten waren gerührt. Jeder konnte sehen, wie Máxima die Tränen kamen. Sie küsste ihren Brautstrauß und dachte an ihre Eltern im fernen Argentinien. Willem-Alexander hatte ihr einen Augenblick Heimat geschenkt – das zumindest konnte ihm niemand verbieten!

Unter den 200 Gästen aus dem europäischen Hochadel waren auch Königin Sofia von Spanien und ihr Sohn Kronprinz Felipe.
In der Kirche direkt neben ihnen saßen die Vertreter der dänischen Herrscherfamilie: Königin Margrethe II. und ihr Sohn, Kronprinz Frederik. Beim anschließenden Empfang wurde hinter vorgehaltener Hand geflüstert, dass die beiden Königinnen Sofia und Margrethe ihre »Kollegin« Königin Beatrix der Niederlande »zutiefst bedauerten«, weil sie sich auf eine bürgerliche Schwiegertochter einlassen musste. Was für undenkbare Zustände, und noch dazu hatten die Brauteltern der Hochzeit fern bleiben müssen! So etwas würden *sie* natürlich niemals dulden!
Was die beiden Monarchinnen Sofia und Margrethe zu diesem Zeitpunkt noch nicht wussten: Ihre Söhne Felipe und Frederik würden es Willem-Alexander in naher Zukunft gleichtun und aus Liebe eine nicht standesgemäße Frau heiraten – koste es, was es wolle. Für diese Frauen würden sie sogar bereit sein, die Krone als Preis zu opfern.

War das Erpressung? Ja, aber sie musste sein!
Die Frage war nur: Wann sollte der Anfang gemacht werden?
Monate vergingen. Monate, in denen die beiden Cousins Kronprinz Felipe von Spanien und Kronprinz Frederik von Dänemark regelmäßig telefonischen Kontakt hatten und sich viermal in London trafen. Dort wohnte nämlich ihr Mittelsmann und Verbündeter: Kronprinz Paul von Griechenland, ein gemeinsamer Cousin. Zu ihm hatten beide uneingeschränktes Vertrauen. Bildlich gesprochen, liefen also zwei Leitungen aus Spanien nach London heiß: Auf der einen Seite konferierte Königin Sofia mit ihrem Bruder Konstantin über den Erhalt der monarchischen Regeln, während auf der an-

Kronprinz Paul von Griechenland, Cousin und Vertrauter Felipes

deren Seite Kronprinz Paul den jungen Palastrevolutionären als Verbündeter assistierte.
Die Mutter von Kronprinz Paul ist Ex-Königin Anne-Marie von Griechenland, eine Schwester von Königin Margrethe von Dänemark: Frederiks Mutter.
Der Vater von Kronprinz Paul ist Ex-König Konstantin von Griechenland, ein Bruder von Königin Sofia: Felipes Mutter.
Kronprinz Paul konnte bei den Gesprächen objektiv sein. Er hatte am 1. Juli 1995 die amerikanische Millionärstochter Marie Chantal Miller aus Liebe heiraten dürfen, denn die griechische Königskrone lag für ihn in weiter Ferne.
Seine Eltern hatten am 13. Dezember 1967 ihr Land nach einem Militärputsch verlassen müssen. Jahre später, am 1. Juni 1973, war in Griechenland nach einer Volksabstimmung die Republik ausgerufen worden, und es gibt bis zum heutigen Tag keine Bestrebungen, das zu ändern. Kronprinz Paul hat also so gut wie keine Chance, eines Tages König von Griechenland, König der Hellenen, zu werden.
Ganz im Gegensatz zu seinen Cousins Felipe von Spanien und Frederik von Dänemark. In ihren Ländern ist die Monarchie Staatsform, sie werden eines Tages gekrönte Staatsoberhäupter sein und die Frau an ihrer Seite zur Königin machen.

»Paul, was sollen wir tun?«, hatten Felipe und Frederik ihren Cousin Paul gefragt, der die Regeln der Thronfolge sehr wohl kannte.
Dieser hatte geantwortet: »Wo leben wir denn? Im Mittelalter? Es hat sich so viel geändert. Aber die Liebe, die man fühlt, ändert sich nie. Verdammt noch mal, es lohnt sich, dafür zu kämpfen, anstatt zu leiden!«
»Traust du dich, diesen Kampf auszufechten?«, hatte Felipe gefragt und Frederik dabei angeschaut.

Dieser zögerte, trommelte nervös mit den Fingern auf den Tisch und sagte schließlich: »Ja.«
Kronprinz Frederik war fest dazu entschlossen, den Anfang zu machen. Er hatte nämlich die Frau seines Lebens zu diesem Zeitpunkt bereits gefunden. Die drei Kronprinzen hatten einander zugenickt und verschwörerisch ihre rechten Hände in der Mitte des Tisches aufeinander gelegt. Der Pakt war besiegelt.

Kronprinz Frederik von Dänemark hatte in der Vergangenheit vor Kameraden oft mit dem Spruch geprahlt, er habe »sein Leben nicht auf Bäumen verbracht«.
Was er damit hatte sagen wollen, war, dass er in der Tat unzählige Liebschaften gehabt hatte. Seine Eltern, Königin Margrethe und der aus Frankreich stammende Prinzgemahl Henrik, hatten ihm alle Freiheiten gelassen, damit er sich die »Hörner abstoßen« konnte, bevor er eine lebenslange Verbindung einging. Und solange alles diskret verlief, war es in Ordnung.
Aber Frederik hatte die Rechnung ohne die Paparazzi gemacht. Jene Fotografen, die im richtigen Augenblick am richtigen Ort sind und ihre heimlich geschossenen Fotos für viel Geld an die internationale Presse verkaufen. Auf diesem Weg entstand ein Foto von Kronprinz Frederik mit dem dänischen Dessous-Model Katja Storkholm Nielsen, und dazu veröffentlichte man gleich eine ganze Reihe Fotos von Katja in ziemlich freizügiger Unterwäsche. Der nächste Dessous-Skandal beschäftigte die internationale Presse.
Königin Margrethe hatte ihren Sohn sofort zu sich zitiert und mit dem Finger auf die Zeitungen gedeutet, die auf einem Tisch in ihrem Arbeitszimmer lagen. Frederik hatte lediglich mit den Schultern gezuckt: »Pech gehabt!«
Doch die königliche Mama war außer sich gewesen

und hatte nach Luft gerungen, als Frederik sagte: »Ich wollte dir Katja eigentlich nächste Woche vorstellen, denn …« Weiter kam er nicht.
»Niemals!«, hatte die Königin ausdrücklich betont. »Du glaubst doch nicht im Ernst, dass ich diese Frau kennen lernen möchte. Bist du verrückt geworden?«
»Nein«, hatte Frederik ruhig geantwortet und sich dieses Gespräch eine Lehre sein lassen. Schweren Herzens trennte er sich kurze Zeit später von Katja Storkholm Nielsen.
Aber die Zeitungen stocherten weiter in dem Thema herum und veröffentlichten waghalsige Spekulationen. Auf vielen Titelseiten war immer wieder in großen Lettern zu lesen: »Dessous-Model wird Königin von Dänemark«.
Um dem Ganzen ein Ende zu bereiten, schickte Königin Margrethe ihren Sohn für einige Wochen nach Australien. Es war das Jahr 2000, und Kronprinz Frederik sollte die königliche Familie bei den Olympischen Spielen in Sydney vertreten.
Die Königin wusste nicht, was sie damit in die Wege geleitet hatte, denn wie vor langer Zeit schon einmal bei ihren schwedischen Nachbarn waren die Olympischen Spiele auch jetzt wieder Schauplatz einer schicksalhaften Begegnung: Frederik traf in Sydney auf die bildschöne Australierin Mary Donaldson. Es war auf beiden Seiten die berühmte Liebe auf den ersten Blick. Und Frederik wusste sofort, dass er für diese Liebe kämpfen würde.
Noch während der Olympischen Spiele in Sydney stellte er Mary Donaldson seinem Cousin vor: Kronprinz Felipe von Spanien, der in offizieller Mission mit dem spanischen Olympiateam vor Ort war.
»Bist du dir bei ihr ganz sicher?«, hatte Felipe gefragt.
»Ja!«, war Frederiks Antwort gewesen. »Oh ja, das bin ich.«

Kronprinz Frederik von Dänemark und Mary Donaldson tauschen verliebte Blicke bei ihrer Verlobung auf Schloss Fredensborg in der Nähe von Kopenhagen

Die beiden Cousins hatten einander siegessicher angelacht.

Drei Jahre lang hielt Kronprinz Frederik seine Liebe zu Mary geheim, und es gelang ihm, sich immer wieder heimlich mit seiner Angebeteten zu treffen. Ihre Gefühle füreinander vertieften sich jedes Mal mehr, bis sie schließlich nicht mehr ohneeinander leben wollten.

Im Sommer 2003 beschloss Frederik schließlich, seine Eltern von seinen Heiratsplänen zu unterrichten. Er hatte lange genug gewartet, um sich ganz sicher sein zu können, und diesmal würde er eine Absage nicht akzeptieren. Mary war zu diesem Zeitpunkt bereits ein fester Bestandteil seines Lebens geworden.

»Wie heißt die Prinzessin?«, hatte Königin Margrethe gefragt.

»Sie heißt Mary Donaldson, und sie ist keine Prinzessin«, antwortete Frederik. »Aber ich werde eine Prinzessin aus ihr machen!«

Die Königin weigerte sich daraufhin, die junge Frau zu empfangen.

Frederik telefonierte an diesem Abend mit seinem Cousin Felipe in Madrid und informierte ihn über die Ab-

sage. Er kündigte an, dass er jetzt die Flucht nach vorn antreten würde. Felipe versprach ihm, beide Daumen zu drücken und ihm jederzeit zur Seite zu stehen.
Die Bombe platzte bei der Hochzeit von Frederiks Freund Baron Otto Reedtz-Thott. Als der dänische Adlige die bildschöne Helle Zofting in der Schlosskirche der kleinen Stadt Hillerød heiratete, kam Frederik gemeinsam mit Mary Donaldson zur Hochzeit. Sie waren sogar die Trauzeugen des Hochzeitspaares und gingen Arm in Arm in die Kirche. Die Menge der Fotografen und Journalisten traute ihren Augen nicht. Prompt stand am nächsten Tag nicht die Hochzeit von Baron Otto Reedtz-Thott im Mittelpunkt der Berichterstattung, sondern Frederik und Mary. So etwas hatte es noch nie gegeben! Die ganze Welt fragte sich: Wer war diese schöne Unbekannte?
Königin Margrethe und ihr Mann Prinz Henrik befanden sich zu jenem Zeitpunkt im Urlaub auf ihrem Weinschloss Caix in Frankreich. Bei einem dort anberaumten Fototermin fragten die Journalisten das Königspaar natürlich auch nach Mary Donaldson.

»Wir kennen diese Frau nicht«, hatte Königin Margrethe verkündet, und ihr Prinzgemahl Henrik hatte hinzugefügt: »Die Person ist uns nicht vorgestellt worden.«
Wortgetreu wurden diese Aussagen am nächsten Tag in den dänischen Zeitungen veröffentlicht und gaben Anlass zu Verwirrung und Spekulationen. »Da ist doch etwas faul im Staate Dänemark«, schrieb ein Kolumnist.

Während Frederik noch damit beschäftigt war, der dänischen Presse wohldosierte Informationen zukommen zu lassen und seine aufgebrachten Eltern in Frankreich zu beruhigen, erhielt er einen Anruf aus Madrid.

Königin Margrethe von Dänemark mit Prinzgemahl Henrik auf ihrem Weingut Château de Caix in Frankreich

Cousin Felipe hatte sich Hals über Kopf verliebt. In Letizia Ortiz.
»Meinst du es wirklich ernst?«, hatte Frederik ihn gefragt.
»Ja. Ich bin mir absolut sicher«, war Felipes Antwort gewesen.
»So sicher wie ich mit Mary?«
»Ja, so sicher wie du mit Mary.«
»Na, bravo!«
»Was meinst du mit ›bravo‹?«, hatte Felipe nachgehakt.
»Jetzt können wir das gemeinsam durchziehen!«
»Das sagst du so einfach.«
Frederik hatte es fast die Sprache verschlagen, als er hörte, dass Felipes Letizia schon einmal verheiratet gewesen war. Bei ihm in Dänemark hätte man so etwas vielleicht akzeptieren können. Aber bei Felipe im streng katholischen spanischen Königshaus? Niemals, oder?
Frederiks Probleme mit Marys Anerkennung schmolzen dahin wie Butter in der Märzsonne, wenn er an Felipes Situation mit Letizia dachte. Um nichts in der Welt hätte er mit seinem Cousin tauschen wollen, und er widmete sich weiterhin verstärkt seinen Heiratsabsichten.
Im Herbst 2003 gab Kronprinz Frederik dem dänischen Geheimdienst die Erlaubnis, das Leben von Mary Donaldson unter die Lupe zu nehmen. Das Ergebnis: kein Makel. Sie und ihre Familie hatte in Australien ein einwandfreies Leben geführt. Allen wurde eine blütenweiße Weste attestiert.
Mit diesem Wissen ging Frederik zu seinen Eltern und informierte sie, dass er Mary Donaldson heiraten wollte. Königin Margrethe und Prinzgemahl Henrik sollen sich »mit Händen und Füßen dagegen gewehrt« haben, verlautete es inoffiziell aus dem Palast. Doch was immer man darunter auch verstehen mag, als Kronprinz

Das künftige Brautpaar Kronprinz Frederik von Dänemark und Mary Donaldson auf dem Balkon von Schloss Amalienborg

Frederik damit drohte, die Krone nicht anzunehmen, hatte das Königspaar schließlich eingelenkt. Hätte Frederik wirklich auf den Thron verzichtet, wäre sein jüngerer Bruder, Prinz Joachim, eines Tages König von Dänemark geworden. Er ist seit 1995 mit der Halbchinesin Alexandra verheiratet und hat zwei Söhne: Nikolai und Felix. Die weitere Erbfolge wäre also gesichert gewesen, aber der Skandal eines Thronverzichts hätte dem Ansehen der dänischen Königsfamilie möglicherweise schwer geschadet.
»Gut«, hatte Königin Margrethe abschließend gesagt, »so sei es eben, wie es ist.«
Prinzgemahl Henrik nickte, gab seinem Sohn einen freundschaftlichen Klaps auf die Schulter und sprach: »Lass sie kommen. Jetzt sind wir gespannt auf sie.«

Die erste Begegnung zwischen dem Königspaar und der zukünftigen Schwiegertochter war ein voller Erfolg.

»Die Chemie stimmte«, sagte Frederik später. »Eigentlich hatte ich von Mama und Papa nichts anderes erwartet.«
In der Tat schloss Königin Margrethe die junge Mary Donaldson sofort in ihr Herz, und Prinzgemahl Henrik war von ihrem Charme verzaubert. Frederik registrierte das mit sichtlichem Stolz – sein Plan war zu seiner Zufriedenheit aufgegangen.
Die Verlobung wurde am 8. Oktober 2003 gefeiert. Am Vormittag dieses Tages hatten Königin Margrethe II. und die dänische Regierung die von der Verfassung vorgeschriebene offizielle Zustimmung zur Verlobung unterzeichnet. Um Punkt zwölf Uhr zeigten sich Kronprinz Frederik und Mary Donaldson zum ersten Mal als künftiges Brautpaar auf dem Balkon des Kopenhagener Schlosses Amalienborg. Die Bevölkerung war begeistert und gratulierte den Verliebten mit Hurra-Rufen. Die Marschkapelle der Königlichen Leibgarde schmetterte »I am Australian«, das Erkennungslied der Olympiade von Sydney. Als Königin Margrethe dann auch noch auf den Balkon trat und Mary vor allen Leuten in den Arm nahm, war Frederiks Glück vollkommen. Die Hochzeit wurde für den 14. Mai 2004 festgelegt.

Während in Dänemark nun »Friede, Freude, Eierkuchen« herrschte, wie Hofchronisten sich salopp ausdrückten, gewann in Spanien der familiäre Kleinkrieg an Brisanz. Auch nach der Begegnung im Großen Salon im August 2003 wollten König Juan Carlos und Königin Sofia von ihrem »No« zu der Verbindung ihres Sohnes mit der TV-Journalistin Letizia Ortiz nicht einen Millimeter abrücken. Kronprinz Felipe blieb nichts anderes übrig, als nach reiflicher Überlegung seinen letzten Trumpf auszuspielen und zu sagen: »Ohne Letizia will ich nicht König werden!«

Anlässlich des spanischen Nationalfeiertags nimmt gewöhnlich Kronprinz Felipe zusammen mit seinem Vater König Juan Carlos die Militärparade ab

Aber auch das beeindruckte seine königlichen Eltern nicht. In Hofkreisen hieß es, Juan Carlos und Sofia seien der Meinung, dass Felipe nur pokern wollte. Aber sie wurden eines Besseren belehrt.

Während am 8. Oktober 2003 Frederiks Verlobung in Kopenhagen gefeiert wurde, die Felipe als Liebessieg verstand und zu der er dem Paar von Herzen gratulierte, liefen in Madrid die Vorbereitungen für den Nationalfeiertag am 12. Oktober auf Hochtouren. Traditionsgemäß würde sich die gesamte spanische Herrscherfamilie im Park des Königsschlosses in Madrid zeigen, das zu Repräsentationszwecken wie diesem dient. Dazu würde der König in Uniform neben seinem Sohn Kronprinz Felipe, der den offiziellen Titel »Prinz von Asturien« trägt, die Parade abnehmen. Diese Zeremonie wird live im Fernsehen übertragen, sodass das ganze Volk mit seiner Königsfamilie feiern kann.

Doch in diesem Jahr sollte die Sache anders ablaufen.

»Ich werde am Nationalfeiertag nicht in Spanien sein«, erklärte Felipe seinen Eltern.
»Doch!«, sagte der König ernst und energisch.
»Nein!«, erwiderte der Kronprinz gelassen.
Das war weitaus mehr als eine Machtprobe, es glich einem Aufstand. Würde der Thronfolger es tatsächlich wagen, am höchsten Feiertag Spaniens nicht an der Seite seines Vaters zu sein, wenn er die Parade abnahm?
Kronprinz Felipe hätte eine Grippe vortäuschen können, aber dann hätten ihn die Hofärzte mit einer Spritze für diesen Tag wieder fit gemacht. Das wusste er. Und er wusste auch, dass es gegen Liebe keine Medizin gibt.
Am 11. Oktober 2003, einen Tag vor dem Nationalfeiertag, flog Felipe nach New York. Dort wartete bereits Letizia Ortiz auf ihn, die eine frühere Maschine genommen hatte. Das Paar sprach mit Freunden über die Zukunft, und Felipe bewies alles Durchhaltevermögen, das er nur beweisen konnte, indem er an der Parade nicht teilnahm.
Dem Hof nahe stehende Kreise waren sich absolut sicher, dass nicht Felipe gepokert hatte, sondern seine Eltern. Sie hatten es niemals für möglich gehalten, dass ihr einziger Sohn für die Liebe zu Letizia bis zum Äußersten ginge. Doch Juan Carlos und Sofia hatten sich getäuscht und erst jetzt den Ernst der Lage begriffen.

Nach Felipes Rückkehr aus New York fiel das erwartete Donnerwetter des Königs aus. Stattdessen setzte man sich zu intensiven Gesprächen zusammen, um das Beste aus der Situation zu machen. Königin Sofia, so weiß man heute, wollte auf Zeit spielen, um doch noch zu retten, was sie zu retten wünschte. Aber Felipe ließ sich auf keinerlei Zugeständnisse ein. Er wollte sich mit Letizia

Ortiz verloben. Jetzt, sofort, so schnell wie möglich. Das hatte er mehr als deutlich klar gemacht.
Zwei Wochen später war es dann so weit. Für die spanische Bevölkerung und die Weltöffentlichkeit vollkommen überraschend, kündigte Seine Majestät König Juan Carlos I. am 1. November 2003, einen Tag vor dem 65. Geburtstag von Königin Sofia, die Verlobung seines Sohnes Kronprinz Felipe mit Letizia Ortiz an. Die Nachricht schlug ein wie eine Bombe. Alle spanischen Fernsehstationen und Radiosender unterbrachen ihr Programm, um »die Meldung des Jahres« zu verkünden.
Die ersten Gratulanten waren unmittelbar nach der offiziellen Erklärung Kronprinz Frederik von Dänemark und Mary Donaldson. Es war ein Sieg der Verbündeten!
Fünf Tage später, am 6. November 2003, wurde die Verlobung gefeiert. Ein glücklicher Felipe und eine strahlende Letizia zeigten sich mit ihren Familien zum offiziellen Foto vor dem Zarzuela-Palast. Voller Freude, und diese Freude war nicht gespielt, gab König Juan Carlos von Spanien den Termin für die Märchenhochzeit bekannt: der 22. Mai 2004 in Madrid. Genau eine Woche nach der Hochzeit von Frederik und Mary am 14. Mai in Kopenhagen.

Ist es ein Zufall, dass diese beiden Termine so nah beieinander liegen? Nein. Die beiden Kronprinzen haben ein bisschen nachgeholfen, wie sich ein gemeinsamer Freund ausdrückte. Manchmal müsse das so sein.
Kronprinz Felipe meinte dazu: »In meinem innersten Herzen hatte ich immer gehofft, nein, gewusst, dass alles gut geht.« Der Prinz glaubt nicht an Zufälle, sondern an Bestimmung, und sein Glaube gab ihm Recht.

1 Die Entscheidung

Felipes Leben war bisher völlig anders verlaufen als das Leben von Letizia. Und doch gab es immer etwas, das diese beiden so unterschiedlichen Menschen verband. Eine Art überirdische Macht, die sie langsam, aber sicher zueinander leitete. Letizia war aus ihrer bürgerlichen Welt in Felipes königliches Leben geschwebt und dort mit offenen Armen empfangen worden. Fast magische Begebenheiten und Schicksalsfügungen ziehen sich wie ein gemeinsamer roter Faden durch ihrer beider Geschichten.

Unverzichtbares Accessoire: Ein Flaschenverschluss aus Silber mit dem Konterfei von Felipe und Letizia

2
Die Kindheit

»Wir hatten beide den gleichen Traum«

2 *Die Kindheit*

Als Felipe 1968 zur Welt kam, waren seine Eltern Juan Carlos und Sofia noch kein Königspaar, sondern Thronanwärter von General Francos Gnaden. Sie trugen die Titel: »Prinz und Prinzessin von Bourbon y Bourbon«.

Blättern wir kurz in der Geschichte zurück:
Ende 1920 herrschten in der spanischen Monarchie unter König Alfonso XIII. große politische Spannungen. Das ganze Land stand unter dem Einfluss der Machtkämpfe, die zwischen Konservativen und Liberalen ausgebrochen waren – es ging um die Grundsätze der Staatsordnung, um Monarchie, Demokratie oder Diktatur. Die katholische Kirche war bestrebt, ihre Machtstellung beizubehalten, und es gab größte Unstimmigkeiten zwischen den rivalisierenden Provinzen Katalonien, Aragon, dem Baskenland und der Zentralregierung in Madrid.
Schließlich kam es am 14. April 1931 zu einem vorläufigen Ende der Monarchie. Hals über Kopf hatte König Alfonso XIII. abgedankt und war mit seiner Frau, Königin Viktoria Eugenie, genannt Ena, ins Exil geflohen. (Übrigens kennen viele Menschen Königin Viktoria Eugenie heute nur noch aus dem Kreuzworträtsel: ehemalige spanische Königin mit drei Buchstaben …)
Die Republik wurde ausgerufen. Doch schon wenig später befand sich Spanien in jenem blutigen Bürgerkrieg, der drei lange Jahre dauerte, von 1936 bis 1939. Als Sieger ging General Francisco Franco hervor, der sich *Caudillo* nannte. Mit ihm siegten die Konservativen, unter denen es fast 80 Prozent Monarchisten gab. Als geschickter Taktiker kam Staatschef Franco ihren Forderungen schrittweise entgegen, ohne seine Machtstellung dabei aufzugeben. Dennoch machte das Verhalten General Francos König Alfons XIII. Hoffnung, eines Tages auf den spanischen Thron zurückkehren zu kön-

nen. Für ihn erfüllte sich diese Hoffnung jedoch nicht: Der König starb nach zehn Jahren vergeblichen Ausharrens am 28. Februar 1941 in seinem römischen Exil. General Franco hatte trotz seiner Sympathien für die Monarchisten seine diktatorische Haltung nie aufgegeben. Als er im Sommer 1945 der Bevölkerung eine spätere Wiedereinführung der Monarchie zusagte, wurde erneut klar, dass er zu seinen Lebzeiten niemals ein weiteres Staatsoberhaupt an seiner Seite zulassen würde. Stattdessen erließ General Franco ein Gesetz mit der Regelung, dass eine von ihm zu bestimmende Person königlichen Geblüts nach seinem Tod die Nachfolge als Staatsoberhaupt antreten sollte. Dieses so genannte »Nachfolgegesetz« wurde durch eine Volksabstimmung mit großer Mehrheit bestätigt.

König Juan Carlos als Elfjähriger mit seinem Vater Juan de Bourbon

Der junge Mann, den General Franco zu seinem Nachfolger und somit zum neuen König von Spanien auserkoren hatte, war Prinz Juan Carlos von Bourbon y Bourbon, Enkel jenes Königs Alfonso XIII., der 1931 zurückgetreten war. Sein Vater, Juan de Bourbon Battenberg, der eigentliche Thronanwärter, hatte sich das Wohlwollen des Generals durch seine liberalen Ansichten verscherzt und kam somit als späterer König für den Diktator nicht in Frage.

Prinz Juan Carlos war 1938 im Exil in Rom geboren worden und wuchs in Italien und in der Schweiz auf. Er war bereits zehn Jahre alt, als er zum ersten Mal überhaupt spanischen Boden betreten durfte. Wie ein Sohn wurde Juan Carlos von General Franco herangezogen, allerdings ohne väterliche Liebe, sondern mit militärischer Härte. Juan Carlos' leiblicher Vater, Prinz Juan, verfolgte den Werdegang seines Sohnes aus dem portugiesischen Exil in Estoril. Er hatte ihn in die so genannte Obhut von Franco gegeben, damit sein eigen Fleisch und Blut eines Tages König von Spanien werden konnte.

Prinzessin Maria de las Mercedes mit ihren Kindern (v.l. Maria del Pilar, die blinde Margarita, Alfonso und Juan Carlos)

rechts:
Offizielles Hochzeitsfoto von Prinz Juan Carlos mit Prinzessin Sofia von Griechenland am 14. Mai 1962. Links neben der Braut ihre Mutter Königin Friederike von Griechenland, rechts neben Juan Carlos seine Mutter Maria de las Mercedes

Man hörte von Prinz Juan nie auch nur eine einzige Äußerung darüber, ob er darunter gelitten hatte, seinen Sohn hergeben zu müssen. Dennoch kann sich jeder vorstellen, wie ihm das Herz geblutet haben musste.
Auch die Mutter des jungen Prinzen Juan Carlos, Prinzessin Maria de las Mercedes, war manchmal fast krank vor Sehnsucht nach ihrem Kind. Es gab jedoch nur einen Anlass, bei dem man sie in der Öffentlichkeit hatte weinen sehen. Das war im Jahre 1956 gewesen.
Prinz Juan Carlos hatte seine Familie in den Ferien in Estoril besuchen dürfen. Er hatte mit seinem jüngeren Bruder Alfonso im Park gespielt, und danach reinigten die beiden Prinzen im Kaminzimmer der Villa Giralda gemeinsam eine Waffe. Ein Schuss löste sich versehentlich und traf Prinz Alfonso, der auf der Stelle tot war. Dieser tragische Unfall machte Prinz Juan Carlos zutiefst unglücklich, denn er hatte seinen kleinen Bruder innig geliebt. Noch Jahre nach dem Unglück litt Prinz Juan Carlos unter dem schmerzlichen Verlust, der ihn bis in seine Träume hinein verfolgte.
Bei der Beerdigung hatte er seine Mutter Maria de las Mercedes zum einzigen Mal in seinem Leben weinen sehen. Er war vor ihr niedergekniet und hatte ihre Hände geküsst, während ihre Hand tröstend über seinen Kopf

strich. Was mag in dieser Mutter vorgegangen sein? Sie hatte nur zwei Söhne, und den Älteren nahm ihr General Franco, den Kleinen entriss ihr auf so tragische Weise der Tod …

Im Herbst 1961 lernte Prinz Juan Carlos die bezaubernde Prinzessin Sofia von Griechenland kennen, die Tochter von König Paul und Königin Friederike. Sie verliebten sich unsterblich ineinander, wie beide später bekannten. General Franco war mit dieser Verbindung einverstanden. Am 14. Mai 1962 heirateten sie in Athen.

Das Paar bekam von Staatschef Franco offiziell eine Villa in Madrid zuerkannt. Am 20. Dezember 1963 schenkte Sofia ihrem Mann eine Tochter: Elena. Vier Wochen später, im Januar 1964, zog die junge Familie in den für königliche Verhältnisse eher kleinen Zarzuela-Palast vor den Toren Madrids.
Juan Carlos sagte glücklich: »Sicherlich sind nicht alle Häuser Paläste, und nicht jeder Palast ist ein Heim. Aber ein Haus wird mit Sicherheit zum Zuhause, wenn ein Kind darin lebt.«
Von Anfang an war Sofia entschlossen gewesen, ihre Pflichten als Mutter und Ehefrau der zukünftigen Könige von Spanien möglichst umfassend zu erfüllen. Sie sagte: »Ich denke, dass die Rolle einer Frau darin besteht, ihrem Ehemann zur Seite zu stehen, ohne aber darüber ihre Unabhängigkeit zu verlieren. Mein Ziel ist es, meinen Mann glücklich zu machen und meine Aufgaben gegenüber Spanien zu erfüllen.«
Sofias Vater, König Paul von Griechenland, starb wenige Monate später, am 6. März 1964, im Alter von 63 Jahren. Dies war ein harter Schlag für die Prinzessin. Nur die Hilfe ihres Ehemannes und die mütterliche Sorge um die kleine Tochter Elena halfen ihr über diese schwere Zeit hinweg. Sofias einziger Bruder wurde als Konstantin II. zum neuen König von Griechenland proklamiert. Im September des gleichen Jahres fuhren Juan Carlos und Sofia mit dem Einverständnis von General Franco nach Griechenland, um an einem frohen Ereignis teilzunehmen: der Hochzeit von Konstantin mit Prinzessin Anne-Marie von Dänemark.

Im darauf folgenden Jahr, am 13. Juni 1965, brachte Sofia wieder ein Mädchen zur Welt: Cristina. Juan Carlos liebte seinen beiden Töchter innig. Aber einen Sohn zu bekommen, einen Thronerben für die Zukunft, das war sein Herzenswunsch.

Familienglück: König Juan Carlos mit Königin Sofia und den Töchtern Elena und Cristina

Fast zwei Jahre vergingen. Dann, im Frühjahr 1967, sagte Sofia zu ihrem Mann: »Wir bekommen wieder ein Baby. Aber diesmal ist alles so anders. Ich glaube, es wird ein Junge. Ich fühle das. Ich möchte dir so gern einen Sohn schenken.«

Sofia erlebte eine schöne Schwangerschaft. Den ganzen Sommer über hatten sie und ihr Mann nur wenige Termine und konnten sich ganz auf sich und die beiden Töchter konzentrieren. Und natürlich auf das Baby, das Sofia unter ihrem Herzen trug. Sie war nach wie vor felsenfest davon überzeugt, dass es ein kleiner Prinz werden würde.

»Ich bin so glücklich«, sagte Sofia zu Juan Carlos. »So glücklich, dass ich manchmal glaube, ich muss mein

Glück wieder hergeben. Denn ich habe mitunter so ein merkwürdiges Gefühl. Ich kann es nicht genau beschreiben …«
Sofia konnte sich auf ihr Gefühl verlassen. Im achten Monat ihrer Schwangerschaft hätte sie ihr Baby fast verloren. Aber sie befand sich in der Obhut der besten Ärzte, die alles in ihrer Macht Stehende unternahmen, damit sie keine Frühgeburt erlitt. Sofia musste zwar die letzten Wochen bis zur Geburt im Bett liegend verbringen, aber es sollte schließlich alles gut gehen.

Schuld an ihrer kritischen Situation waren die Ereignisse in ihrer griechischen Heimat. Ihr geliebter Bruder, König Konstantin, hatte Athen am 13. Dezember 1967 nach einem Militärputsch verlassen müssen. Er war nur drei Jahre lang König in seinem Land gewesen, bevor er mit seiner Familie nach Rom flüchtete. Mit König Konstantin hatte natürlich auch seine und Sofias Mutter, die Königinwitwe Friederike, außer Landes fliehen müssen. Sie war zu jener Zeit eine umstrittene Persönlichkeit, weil niemand genau wusste, welche Rolle sie bei dem Militärputsch in Athen gespielt hatte. Nach Geheimdienstinformationen soll sie als graue Eminenz im Hintergrund ihrem Sohn geraten haben, sich auf die Seite des Militärs zu schlagen. Hatte sie dem erst 27-jährigen Konstantin damit tatsächlich falsche Ratschläge erteilt? An welchen Fäden Königinwitwe Friederike auch immer gezogen haben mochte, sie war in jenen Tagen in Madrid nicht unbedingt willkommen.
Damals war in der Weltpresse sogar darüber spekuliert worden, ob nun das Ende der europäischen Monarchien nahe sei. Sollte es für Juan Carlos und Sofia vielleicht gar keine Möglichkeit mehr geben, Spaniens Thron zu besteigen?
Doch im Laufe der Zeit glätteten sich die Wogen wieder, insbesondere als General Franco sein Versprechen

Kleiner Felipe, ersehnter Thronfolger

erneuerte, dass Juan Carlos eines Tages als König von Spanien sein Nachfolger werden würde. Außerdem hatte Franco sein Einverständnis gegeben, dass Friederike bei ihrer Tochter Sofia bleiben durfte, die in wenigen Wochen ihr drittes Kind bekommen sollte.

Kurz nach Mitternacht, es war die erste Stunde des 30. Januar 1968, setzten bei Sofia die Wehen ein. Juan Carlos fuhr seine Frau selbst in die Klinik »Unserer Lieben Frau von Loreto«. Für die Prinzessin waren in dem Krankenhaus, wo sie auch die beiden Mädchen geboren hatte, die Zimmer 604 und 605 reserviert worden. Sie hatte aber nicht gewollt, dass ihr Mann bei der Geburt dabei war. »So etwas ist nichts für Männer«, waren ihre Worte.
Um 8.15 Uhr tat ihr Baby nach einem Klaps auf den Po den ersten Schrei.
»Ein Junge?«, fragte die erschöpfte Sofia.
»Ja, ein Prachtkerl!«, sagte die stämmige Hebamme Maria und schob die Ärzte zur Seite. »Ein Prachtkerl!«
Sie legte Sofia den kleinen Prinzen in den Arm. In der Tat war er ein Prachtkerl: 55 Zentimeter groß und 4300 Gramm schwer.
Im Nebenzimmer saßen Juan Carlos, seine Schwiegermutter, Königinwitwe Friederike von Griechenland, die Schwester seiner Frau, Prinzessin Irene von Griechenland, sein Sekretär Marquès de Mondejar und Oberstleutnant Armada (der, wie sich später herausstellte, einer der Anstifter des Staatsstreichversuchs vom Februar 1981 war).
Juan Carlos war außer sich und regelrecht verrückt vor Freude. Er gestand später: »Ich weiß überhaupt nicht mehr, was ich gesagt habe. Auf jeden Fall bin ich vor Freude in die Luft gesprungen und habe alle umarmt.«
Dann ging er zu Sofia, die schon minutenlang auf die Tür gestarrt hatte. Als er dann endlich hereinkam und

nervös um Fassung rang, liefen ihr Freudentränen die Wangen hinunter. Er nahm ihr Gesicht in beide Hände und küsste ihr die Tränen fort. Erst Sekunden später sah er das kleine Bündel in ihrem Arm.
»Dein Sohn!«, sagte Sofia.
»Ja, mein Sohn, unser Sohn«, sagte Juan Carlos.
»Ist er nicht schön?«, fragte sie.
»Ja, ich liebe euch beide«, flüsterte er ergriffen.
Zehn Minuten später telefonierte der glückliche Vater mit General Franco. Dann mit seinen Eltern Prinz Juan und Prinzessin Maria de las Mercedes, die sich nach einer Karibikkreuzfahrt gerade in Miami aufhielten. Und anschließend rief er seine Großmutter Königinwitwe Viktoria Eugenie an, die gerade Prinz Pierre von Monaco (den Vater von Fürst Rainier) in seiner Villa besuchte.
Juan Carlos und Sofia beschlossen, ihren Sohn Felipe zu nennen, nach dem ersten in Spanien regierenden König aus der Dynastie der Bourbonen. Seine weiteren Namen sind Juan, nach seinem Großvater väterlicherseits, und Paul, nach seinem Großvater mütterlicherseits. Der vierte Name ist Alfonso, in Erinnerung an König Alfonso XIII.

Schon eine gute Woche später, am 8. Februar 1968, fand die Taufe des kleinen Felipe statt. Anlässlich dieses feierlichen Ereignisses gab es ein königliches Familientreffen – das erste in Spanien seit dem Bürgerkrieg. Taufpatin war die ehemalige Königin Viktoria Eugenie, die das Land seit 37 Jahren nicht mehr betreten hatte.
Der Empfang, den ihr das Volk am Flughafen Madrid-Barajas bereitete, war überwältigend. Entgegen den Erwartungen der politischen Beobachter hatten sich Hunderte royalistischer Anhänger eingefunden, die begeistert jubelten. Die ehemalige Königin Viktoria Eugenie wurde von ihrem Sohn Prinz Juan und ihrer Schwiegertochter Maria de las Mercedes begrüßt und in den Liria-

Palast, die Residenz des Herzogs von Alba, begleitet, wo sie während ihres Aufenthaltes zu Gast war.
General Franco hatte 200 Gäste in den Zarzuela-Palast zur Taufe geladen, die der Erzbischof von Madrid, Monsignore Morcillo, zelebrierte. Das Taufbecken aus weißem Stein, Silber und Gold hatte bereits 1170 zur Taufe des heiligen Dominikus de Guzman (ein später tief verehrter Priester des Landes) gedient und wurde traditionsgemäß für die Erben der Krone benutzt. Das Taufwasser stammte aus dem Fluss Jordan, und Felipe trug das Taufkleid seines Vaters.
Die ehemalige Königin Viktoria Eugenie, damals schon 81 Jahre alt, hielt ihren Urenkel höchstpersönlich über das Taufbecken. Dann legte sie das Baby in den Arm seiner Mutter Prinzessin Sofia und trat vor den Caudillo. Ganz ruhig sagte sie: »Nun haben Sie drei Bourbonen, unter denen Sie wählen können: Vater, Sohn und Enkel!«
General Franco nickte und antwortete mit ebenso leiser Stimme: »Wie Sie wissen, habe ich mich bereits entschieden.«
Der Caudillo und Viktoria Eugenie sahen sich nie wieder. Im folgenden Jahr starb die silberhaarige Königin, die zu ihrer Zeit als die schönste aller spanischen Königinnen gegolten hatte. Sie wurde in Lausanne zu Grabe getragen.

Porträt von Königin Viktoria Eugenie, der Großmutter von König Juan Carlos von Spanien

Prinz Felipes Kinderzimmer im Zarzuela-Palast war von schlichter Einrichtung. In dem Raum mittlerer Größe stand ein ganz normales Gitterbettchen, die Wände waren mit einem weißen Stoff bezogen, und die eine Ecke zierte ein Pfau aus Plüsch. Mama Sofia, gelernte Kinderschwester, badete ihren Sohn immer selbst im Waschbecken des Badezimmers und überließ diese Aufgabe niemals dem Kindermädchen Ann Bell. Die Erziehung des Prinzen war streng, aber gerecht.

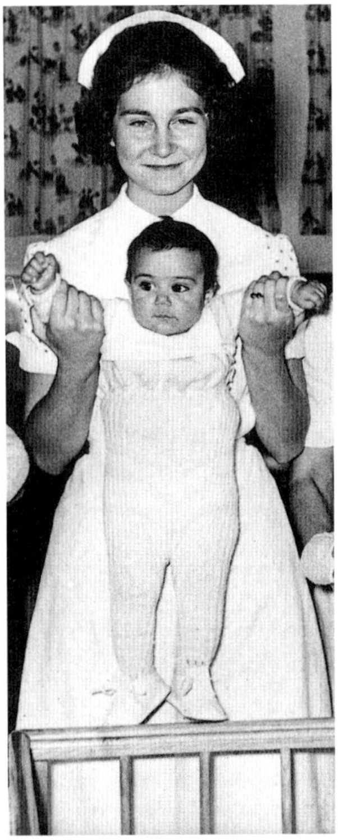

Die gelernte Kinderkrankenschwester Prinzessin Sofia von Griechenland mit einem Schützling kurz vor ihrer Verlobung mit Juan Carlos

Sein Vater sprach spanisch mit ihm, seine Mutter zunächst englisch. Sehr schnell lernte er beide Sprachen, selbst wenn er die Wörter gelegentlich durcheinander brachte. Damit er sich auf völlig natürliche Weise an sein späteres Leben gewöhnen konnte, nahmen seine Eltern ihn schon sehr früh zu verschiedenen Repräsentationspflichten mit.

Am 23. Juli 1969, im Alter von 18 Monaten, nahm Felipe beispielsweise mit seiner Mutter und seinen beiden Schwestern an der Zeremonie teil, die seinen Vater Juan Carlos zum Prinzen von Spanien machte. General Franco gab an diesem Tag offiziell vor dem spanischen Parlament, den *Cortes*, bekannt: »Im Bewusstsein meiner Verantwortung vor Gott und der Geschichte, und nachdem ich mit angemessener Objektivität die Qualitäten, die sich in der Person Juan Carlos' von Bourbon y Bourbon vereinen, beurteilen konnte, habe ich beschlossen, ihn der Nation als meinen Nachfolger vorzustellen.«

Das Gesetz zur Ernennung von Juan Carlos als Francos Nachfolger wurde mit überwältigender Mehrheit verabschiedet. Juan Carlos trug nun den offiziellen Titel »Prinz von Spanien« und erhielt alle damit verbundenen Rechte. Er musste von diesem Tag an gemeinsam mit seiner Frau Sofia, die jetzt Prinzessin von Spanien hieß, vermehrt Protokoll- und Staatspflichten übernehmen. Dies bedeutete auch, dass sich die königliche Familie verstärkt auf Auslandsreisen begab.

Im Juni 1970 fuhren Prinz Juan Carlos und Prinzessin Sofia zusammen mit ihren drei Kindern nach Großbritannien. Sie nahmen an den Feierlichkeiten anlässlich des 70. Geburtstags von Queen Mum teil. Im gleichen Jahr besuchten sie Frankreich. Staatspräsident Pompidou hatte sie als offizielle Gäste eingeladen. Dieser Besuch legte bereits den Grundstein zu einer Freundschaft mit dem späteren französischen Präsidenten Giscard d'Estaing.

Die königliche Familie im Jahre 1971 (v.l. Prinz Felipe, Sofia im Dirndl, Prinzessin Elena, Prinzessin Cristina und Juan Carlos)

In den Vereinigten Staaten von Amerika wohnte das Paar im Haus des Senators Edward Kennedy.

Anfang September 1972, als Felipe gerade viereinhalb Jahre alt war, hatte er seinen ersten großen Soloauftritt. Es handelte sich um die Taufe zweier Canadier-Flugzeuge, die von der spanischen Regierung zur Bekämpfung von Waldbränden gekauft worden waren. Bei der Zeremonie am Flughafen waren seine Eltern, der Landwirtschafts- und der Luftfahrtminister sowie der kanadische Botschafter anwesend. Der kleine Prinz wurde von seinem Vater unterstützt, als er an einer Schnur zog, um eine der Maschinen zu enthüllen. Dann taufte er sie mit einem mit spanischem Wein gefüllten Feuerlöscher. Das Interesse der Medien an diesem Ereignis war riesengroß.
Begeistert kommentierte auch der Journalist Jesus Ortiz die Flugzeugtaufe in Madrid für seinen Radiosender in Oviedo im Norden Spaniens: »Wir können alle stolz sein auf unseren blonden Prinzen mit dem Engelsblick«, jubelte er live ins Mikrofon. »Hören Sie den Applaus der Menschen? Hören Sie! Unser Prinz strahlt vor Freude! Sein Vater Juan Carlos nimmt ihn auf den Arm. Ja, er strahlt immer noch und winkt seiner Mutter

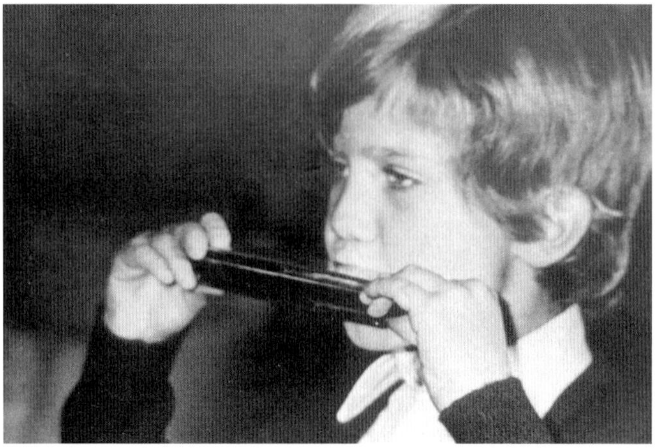

Ein blonder Engel: der kleine Kronprinz Felipe mit Mundharmonika

Sofia zu. Ich glaube, sie hat tatsächlich Tränen in den Augen. Was für ein schöner Tag für uns alle! Mit Bravour hat der kleine Prinz seine erste große Pflicht erfüllt. Viva España, viva Felipe!«

Was der aufgeregte Reporter Jesus Ortiz damals natürlich nicht wissen konnte: Er beschrieb in diesen Minuten den ersten großen Auftritt – seines zukünftigen Schwiegersohnes!

Nach seiner erfolgreichen Live-Reportage fuhr Jesus Ortiz mit dem klapprigen Firmenwagen seines Radiosenders die 678 Kilometer von Madrid nach Oviedo im Eiltempo zurück. Der Grund für die Eile war seine hochschwangere Frau Paloma. Das erste Baby! Es konnte jetzt jeden Tag kommen.

»Du warst wunderbar«, sagte Paloma, die die Reportage ihres Mannes im Radio natürlich verfolgt hatte. »Wie sieht er aus, der kleine Prinz?«

»Ich habe im Radio nicht übertrieben«, antwortete Jesus immer noch voller Begeisterung. »Wie ein blonder Engel!«

Beruhigt, ihren Mann wieder zu Hause zu wissen, atmete Paloma tief durch und schmiegte sich an ihn. Er streichelte unendlich behutsam und zärtlich ihren Bauch.

Oviedo zählt zu den schönsten Städten in Nordspanien. Die 128000 Einwohner sind stolz auf ihre sauberen Straßen und die mit viel Liebe angelegten Parks und Vorgärten. Es gibt zwar wenig Touristen, aber immer wieder Besucher, die aus ehrlichem Herzen betonen, wie gern sie bei jeder sich bietenden Gelegenheit in das Städtchen zurückkommen. Denn hier scheint die Zeit stehen geblieben zu sein. Berühmt ist Oviedo nicht zuletzt wegen seiner zahlreichen Apfelplantagen. Sie liefern einen wunderbaren Apfelschnaps, der auch am spanischen Hof geschätzt wird. Oviedo ist ein Erzbistum und gleichzeitig die Verwaltungshauptstadt der autonomen Provinz Asturien.
»Eine Stadt zum Verlieben«, sagen die Einwohner nicht ohne Stolz. Mit dem überwältigenden Hochgebirge im Rücken und einigen schneeweißen Traumstränden im Norden.
Ist es Zufall oder doch Bestimmung? Der Titel aller spanischen Thronfolger ist seit fünf Jahrhunderten »Prinz von Asturien«, und der jüngste von ihnen sollte sich ausgerechnet in eine Tochter dieses schönen Landes verlieben.

»Ich glaube, es ist so weit«, sagte Paloma Ortiz zu ihrem Mann. »Das sind Wehen, ich glaube, die Wehen haben eingesetzt!«
Am Morgen des 15. September 1972 brachte Jesus Ortiz seine Frau in die Klinik. Er wich nicht von ihrer Seite und wollte auch im Kreißsaal dabei sein, wenn sein erstes Kind das Licht der Welt erblicken würde. Um 18.32 Uhr wurde Paloma von einer Tochter entbunden, und Papa Jesus ließ es sich nicht nehmen, die Nabelschur selbst durchzuschneiden.
Mit seiner Familie, Freunden und Kollegen feierte Jesus Ortiz die Geburt seiner Tochter die ganze Nacht hindurch bis in die frühen Morgenstunden hinein. Es

Letizia Ortiz im zarten Alter von zwei Jahren

wurde fröhlich Apfelwein und Apfelschnaps getrunken. Sein bester Freund und Kollege Pablo brachte ihn schließlich nach Hause.

»So viel Freude habe ich in meinem ganzen Leben noch nicht gehabt«, sagte Jesus Ortiz und breitete die Arme aus, als würde er die aufgehende Sonne umarmen wollen.

»Freude!«, sagte Pablo. »Freude! Im Lateinischen heißt das Leticia. Nenne deine Tochter doch Leticia!«

Jesus war begeistert: »Ja, das werde ich tun! Leticia, meine Leticia!«

Am nächsten Vormittag ging Jesus Ortiz zur Gemeinde und meldete seine Tochter an. Der Beamte beim Personenregister in Oviedo war Italiener und schrieb den Namen in der Geburtsurkunde falsch: Letizia – mit z statt mit c. Das gefiel Jesus Ortiz so sehr, dass er es dabei beließ.

»Sie ist ein besonderes Kind, darum soll sie auch einen besonderen Namen haben«, sagte er laut lachend.

Seine Frau Paloma schmunzelte über die Geschichte mit dem italienischen Beamten und stimmte zu: »Ja, Letizia ist ein besonderes Kind.«

Das besondere Kind bekam in den darauf folgenden

fünf Jahren zwei Schwestern: Erika und Thelma. Die Eltern, insbesondere der stolze Spanier Jesus, hatten sich zwar auch noch einen Sohn gewünscht, aber die Ärzte rieten Paloma nach der lebensgefährlichen Geburt von Thelma von einer weiteren Schwangerschaft ab.

Die erfolgreiche Journalistin als Vierjährige

Die Rolle der großen Schwester hatte Letizia nie besonders gefallen. Vielleicht, weil sie so ganz anders war als Mädchen in ihrem Alter. Erika und Thelma liebten es, Prinzessin zu spielen. Sie träumten von einem Märchenprinzen, der auf einem weißen Pferd geritten kam und sie auf sein Schloss brachte. Letizia fand das albern.
Schon im zarten Alter von sieben Jahren träumte sie davon, beim Radio zu arbeiten. Wie ihr Papa. Und wie ihre Großmutter Menchu Alvarez del Valle, die jahrzehntelang eine der beliebtesten Hörfunkmoderatorinnen der Gegend gewesen war. Statt nach der Schule nach Hause zu gehen, fuhr sie mittags oft in den Sender, um dort zu essen und ihre Hausaufgaben zu machen. Meistens fuhr sie Opa José Alvarez del Valle dorthin, denn er war Taxifahrer. Und wenn er gerade keinen Fahrgast hatte, lieferte er seine Enkelin augenzwinkernd beim Sender ab.
Als Letizia acht Jahre alt war, kam ihre große Stunde. Statt eines Krönchens, das ihre kleinen Schwestern Erika und Thelma gern getragen hätten, setzte Letizia sich ein Paar große Kopfhörer auf. Sie durfte am Samstagvormittag auf »Antena Radio 3« die Kindersendung »El columpio« (Die Schaukel) moderieren. An Talent mangelte es ihr dank Papa Jesus und Oma Menchu nicht. Es dauerte nur wenige Monate, und »El columpio« wurde zur beliebtesten Kindersendung in der Region Oviedo. Letizia war ein richtiger kleiner Star und genoss das in vollen Zügen. Wie sagten ihre Eltern doch nach der Geburt? Letizia ist ein besonderes Kind!

Letizia während ihrer Schulzeit in Oviedo

Die kleine Moderatorin lernte schnell und wurde immer freier und lockerer. Sie erzählte Geschichten, die sie in der Schule erlebte, kündigte Märchen an, die von Schauspielern gesprochen wurden, und präsentierte die erste Hitparade von Kinderliedern. Und sie erzählte ihren kleinen Altersgenossen auch von ihren Träumen: »Letzte Nacht habe ich geträumt, dass ich auf einem fernen Planeten bin. Da war alles wunderschön, grüne Landschaften mit Wäldern und Wiesen. Die Menschen und Tiere liebten einander wie eine große glückliche Familie. Es gab keine Kriege und keinen Streit. Es war wie im Paradies. Die Lehrer verteilten keine Noten. Und wir hatten sieben Monate Ferien im Jahr. Nächsten Samstag erzähle ich euch mehr von diesem wunderschönen Erlebnis …«

Als Prinz Felipe etwa in dem Alter von Letizia war, fragte er seine Eltern am Frühstückstisch: »Warum werden Stiere in der Arena getötet?«
Sofia schluckte zwei-, dreimal und schaute ihren Mann an.
Juan Carlos sagte: »Weil das Tradition ist.«
Felipe sah seiner Mutter in die Augen. Sie wich seinem Blick aus. Sofia hat noch nie eine Stierkampf-Arena betreten. Weder als Prinzessin noch als spätere Königin von Spanien. Sie konnte und wollte das Gemetzel nicht mit ansehen. Ihr Mann hingegen liebt diesen »Volkssport«. Wenn er einen Stierkampf besucht, begleitet ihn seine jüngere Schwester Prinzessin Margarita. Die Prinzessin ist von Geburt an blind, und eigentlich weiß niemand in Spanien, was sie mit ihren Besuchen in der Arena beabsichtigt. Der Jubel der Menschen, wenn der Torero immer wieder auf den blutenden Stier einsticht, kann doch nicht ernsthaft berauschend sein?
»Warum werden Stiere in der Arena getötet?«, wiederholte Felipe seine Frage.

»Weil es Tradition ist!«, sagte Juan Carlos ein zweites Mal, legte seine Serviette auf den Tisch und entschuldigte sich wegen eines dringenden Telefonats.
»Was hat Papa?«, fragte Felipe.
»Nichts«, sagte Sofia so beherrscht wie möglich. Wie sollte sie ihrem kleinen Sohn eine Tradition erklären, die sie selbst zutiefst verabscheute?
»Ich habe heute Nacht geträumt, dass wir alle in einem Land waren, das auf einem fernen Stern liegt«, schwärmte Felipe. »Da gab es keine Kriege und keinen Streit. Wirklich, Mama, da lagen Stiere und Kühe und Kälbchen in der Sonne, und wir fütterten sie. Wir gaben ihnen sogar Namen. Willst du wissen, wie sie hießen?«
»Nein«, sagte Sofia und schaute auf die Uhr. »Der Fahrer wartet. Du musst in die Schule.«
War es Zufall oder Schicksal? In gewisser Hinsicht hatten Felipe und Letizia schon damals den gleichen Traum …

3
Die Ausbildung

»Ich musste begreifen, sie durfte lernen«

Prinz Felipe war ein aufgeweckter, unkomplizierter Junge, der sich für alles interessierte, was in seiner Umgebung geschah. Er war ein sanftes Kind und leicht zufrieden zu stellen. Oft brachte er seine kleinen Freunde mit, um mit ihnen im Park des Zarzuela-Palastes zu spielen. Über seine Erziehung berichtete er später: »Mein Vater sagte, ich solle immer daran denken, wer ich bin, und mir stets die Zukunft, die mich erwartet, vor Augen halten. Als ich noch ein kleiner Junge war,

Prinz Felipe als Schuljunge mit seiner Mutter Sofia

konnte ich das nicht verstehen. Erst später wurde mir klar, was mein Vater damit meinte.«
Felipe ist intellektueller veranlagt als sein Vater, und von seiner Mutter Sofia hat er die künstlerische Ader geerbt. Als Heranwachsender galten seine Interessen vor allem der Philosophie und der Astronomie. Er wollte gern andere Welten kennen lernen und trieb einen wahren Kult um den Planeten Saturn, seine Ringe und die elf Trabanten.
Tief beeindruckt war der kleine Prinz, als er mit seinen Eltern einmal eine Sternwarte auf der kanarischen Insel Lanzarote besuchte, die Juan Carlos einweihen sollte. Nie würde Felipe die Worte vergessen, die sein Vater gleich zu Beginn seiner Rede sagte: »Wir sind alle Brüder und Schwestern unter denselben Sternen.«
Dieser Satz gefiel Felipe so gut, dass er ihn sich aufschrieb und in seinem Zimmer an die Wand hängte.

Felipe hatte keinen Privatlehrer, wie es sonst in Königshäusern durchaus üblich ist. Doch seine Eltern wollten, dass er ganz normalen Schulunterricht bekam. Besonders Prinzessin Sofia war der Auffassung, dass er so viel wie möglich unter Gleichaltrigen sein sollte. Möglicherweise hat Felipe, der mit seinen beiden älteren Schwestern Prinzessin Elena und Prinzessin Cristina aufwuchs, deshalb auch nie einen Bruder vermisst. Ganz im Gegenteil: Zu Hause war er als Nesthäkchen, einziger Sohn und kleiner Bruder der unangefochtene »Hahn im Korb«.
Ab 1972 besuchte der Prinz das Santa-Elena-Kollegium in Madrid, in dem auch seine Schwestern unterrichtet worden waren. Die Lehrer und Mitschüler nannten ihn schlicht Felipe, und er genoss keinerlei besondere Privilegien. Seine Mutter begleitete ihn sehr häufig auf seinem Schulweg am Morgen und holte ihn auch nachmittags höchstpersönlich wieder ab.

Der Prinz war in seiner Klasse bekannt und beliebt für seinen Kameradschaftsgeist. Seine Lebenslust und Energie wirkten auf alle anderen ungeheuer ansteckend. Und nachhaltig in Erinnerung blieb seinen Mitschülern sein großer Appetit: Am liebsten mochte er Reis, Pizza, Suppen und Spiegeleier – recht einfache Gerichte, die beweisen, dass er kein verwöhntes Kind war. Auch die Lehrer waren höchst angetan – sie bezeichneten ihn als diszipliniert und aufmerksam. Er war in fast allen Fächern gut, mit einer besonderen Neigung zu Mathematik, Physik und Naturwissenschaften.

Nach der Schule rannte Felipe im Zarzuela-Palast oft ins Büro seines Vaters und berichtete begeistert von seinen Erlebnissen. Juan Carlos hat nie versucht, seine Spontaneität zu zügeln. »Unser Junge war so herzerfrischend«, sagte er. »Und er stürzte nie in mein Arbeitszimmer, ohne die Gäste, die ich gerade hatte, mit einem höflichen Diener zu begrüßen. Natürlich interessierte er sich anfangs nicht für die Dinge, die ich dort mit Ministern oder Protokollbeamten zu besprechen hatte. Aber er setzte sich zu gern in eine Ecke des Büros und machte dort seine Hausaufgaben. Ich werde nie vergessen, wie er manchmal von seinen Schulheften aufblickte und mir zuzwinkerte. Ah, ich war immer sehr stolz auf ihn und bin es heute noch.«

Prinzessin Sofia bemerkte schon bald, dass ihr Mann Felipes großes Vorbild war. Juan Carlos hatte das erst gar nicht mitbekommen. Aber als er anfing, darauf zu achten, konnte er sich ein Schmunzeln nicht verkneifen. Denn Felipes Nachahmungstrieb hätte nicht ausgeprägter sein können: Er ging plötzlich wie sein Vater mit den Händen auf dem Rücken durch die Gänge des Zarzuela-Palastes, wollte die gleichen Krawatten tragen, meldete sich für einen Tennis-Kurs an und versuchte den weiblichen Gästen einen Handkuss zu geben. Er übte

Stolzer Blick zwischen Vater König Juan Carlos und Sohn Felipe

das bei Mama Sofia, die sich, so gut sie konnte, beherrschte. Ihr Kleiner meinte es ja so ernst!
Eines Morgens entschuldigte sich Felipe am Frühstückstisch und kam ein paar Minuten später wieder zurück. Er hatte nämlich bemerkt, dass sein Vater seine Armbanduhr am rechten Handgelenk trug. Das musste sofort kopiert werden. (vgl. Bild Seite 14) Sofia sah die Veränderung, blickte ihrem Mann in die Augen und gab ihm kurz mit der Hand ein kleines Zeichen. Juan Carlos verstand sofort – und war in diesem Augenblick wahrscheinlich der glücklichste Vater der Welt.

Auch im August 1976 verbringt die spanische Königsfamilie ihre Sommerferien gemeinsam (v.l. Kronprinz Felipe, Königin Sofia, König Juan Carlos, vor sich Infantin Cristina, rechts die Infantin Elena)

»Tage, an denen ich nicht mit meiner Familie zusammen sein kann, sind keine besonders schönen Tage für mich«, sagte Juan Carlos einmal. Dabei hatte er vor Augen, dass für ihn und Sofia immer häufiger Reisen anstanden, um Spanien im Ausland würdig zu vertreten. Sie flogen nach Persien zum Schah und zu Kaiserin Farah, nach Japan zu Kaiser Hirohito und Kaiserin Nagako. 1973 flogen sie auch nach Großbritannien zur Hochzeit von Prinzessin Anne und Captain Mark Phillips.

Wann immer sich die Gelegenheit bot, nahmen sie ihre Kinder mit. Bei Auslandsreisen gelang dies eher selten, doch das Paar bereiste auch das eigene Land, um es besser kennen zu lernen und sich bei der Bevölkerung persönlich vorzustellen – und solche Besuche legten sie vorwiegend in die Ferienzeit, damit ihre Kinder dabei sein konnten. Sie besichtigten Fabriken, Bergwerke und Krankenhäuser. Dabei fiel immer wieder Prinzes-

sin Sofias Anteilnahme am Schicksal der Armen und Bedürftigen auf. Und man zollte ihr dafür viel Bewunderung.
Sie sagte bescheiden: »Nichts gibt mir mehr, als das Heim einer Familie, in welchem Land auch immer, zu betreten und mit den Menschen über ihr Schicksal und ihre Probleme zu sprechen. Manchmal kann ich sogar helfen. Das macht mich glücklich. Und meine Kinder lernen auf diesen Reisen, dass es auch ein anderes Leben gibt.«

Spanien war zu dieser Zeit kein Land, in dem, gesellschaftlich gesehen, Milch und Honig flossen. Immer wieder wallten politische Spannungen in den baskischen und katalonischen Provinzen auf. Dort war die Auflehnung gegen die Diktatur General Francos am stärksten. Und die Unterdrückung jeglicher Opposition durch die Polizei und die Guardia Civil trug wenig dazu bei, den Ruf Spaniens im Ausland zu verbessern.
Die Lage verschärfte sich, als 1973 der spanische Premierminister Carrero Blanco durch die baskische Untergrundorganisation ETA ermordet wurde und die spanische Obrigkeit für diese Tat harte Vergeltungsmaßnahmen ankündigte. Dass während dieser Zeit viele Länder ihre diplomatischen Beziehungen zu Spanien dennoch aufrechterhielten, lag nicht zuletzt an den Hoffnungen, die man in Juan Carlos als künftigen König setzte.
Juan Carlos' Lehrjahre gingen endgültig ihrem Ende entgegen, als sich General Francos Gesundheitszustand im Sommer 1975 zusehends verschlechterte. Der Prinz musste die Staatsgeschäfte übernehmen. Ausgerechnet zu diesem Zeitpunkt gab es Streit um die Spanische Sahara. König Hassan II. von Marokko wollte seinem Land Teile dieses spanischen Hoheitsgebietes einverlei-

Juan Carlos neben Diktator General Francisco Franco

ben. Krieg lag in der Luft, und da der Gesundheitszustand von General Franco immer kritischer wurde, musste Prinz Juan Carlos die erste große politische Entscheidung seines Lebens treffen. Nachdem er seine Ratgeber konsultiert hatte, wandte er sich an seine Frau, die ihn in diesen schweren Jahren stets tatkräftig unterstützt hatte. Auch diesmal machte sie ihm Mut und gab ihm den entschlossenen Rat: »Ich bin der festen Überzeugung, dass dein Platz bei unseren Truppen ist.«
In diesem Jahr flog Juan Carlos an Prinzessin Sofias Geburtstag, dem 2. November, in die Sahararegion. Die Moral der Truppe musste um jeden Preis gestärkt, gleichzeitig jedoch alles getan werden, um einen Krieg zu vermeiden. Juan Carlos' diplomatisches Geschick war mehr denn je gefragt. Nach den Verhandlungen mit der marokkanischen Regierung und einem Friedensangebot seitens der spanischen Monarchie kehrte der König erschöpft, aber beruhigt nach Madrid zurück. Der Konflikt wurde schließlich auf friedliche Weise beigelegt.
Knapp drei Wochen später, am 20. November 1975, starb der spanische Diktator General Francisco Franco. Spanien bekam nach 44 Jahren wieder einen Bourbonen-König: Juan Carlos I. Und wohl keiner war so gut auf seine Aufgaben vorbereitet worden wie er.

Nur zwei Tage später, am 22. November 1975, wurde Prinz Juan Carlos in Anwesenheit von Sofia und den Kindern im Parlament zum König von Spanien vereidigt. Auf der Galerie des großen Saales beobachteten Mitglieder der königlichen Familie und ausländische Gäste den Staatsakt. Unter ihnen Sofias Bruder, der im Exil lebende König Konstantin von Griechenland, und seine Frau Königin Anne-Marie. Königin Elizabeth von England ließ sich von ihrem Mann Philip, dem Herzog von Edinburgh, vertreten.

Feierlich hatte Prinz Juan Carlos den Eid abgelegt. Seine Botschaft in seiner Rede vor dem Parlament war kurz, aber für alle verständlich:
»Eine freie und moderne Nation braucht die Mithilfe aller Bürger. Gerechtigkeit ist eine Vorbedingung für die Freiheit. Und als Erster muss der König seinen Pflichten nachkommen. Ich erbitte die Hilfe Gottes, wenn jene schwierigen Entscheidungen, mit denen wir ganz sicher konfrontiert sein werden, getroffen werden müssen. Ich vertraue dabei ganz besonders auf die Tugenden der spanischen Familien. Wenn wir vereint bleiben, gehört uns die Zukunft. Viva España!«

Juan Carlos von Spanien wird im Palacio de las Cortes de Madrid zum König vereidigt

Die Abgeordneten erhoben sich von ihren Plätzen. Seine Majestät König Juan Carlos I. von Spanien und Ihre Majestät Königin Sofia standen Hand in Hand wie ein Fels in der Brandung und neigten kurz die Köpfe. Alle applaudierten, und zum ersten Mal seit 44 Jahren ertönte im Parlament der Jubelruf: »Viva el Rey!« Hoch lebe der König!

Am 27. November 1975 wurde für die königliche Familie ein Bittgottesdienst in der Kirche von Los Jeronimos in Madrid abgehalten. Nach der kirchlichen Feier jubelte auch das Volk seinem neuen König und der Königin zu, als diese in einem offenen Wagen durch die Straßen von Madrid fuhren. Da wurde es dem damals siebenjährigen Felipe ganz deutlich klar: Papa und Mama sind jetzt König und Königin. Und ich bin der Thronfolger.

Aber wo Sonne ist, gibt es auch Schatten. Es waren beileibe nicht alle Spanier von der Rückkehr des Landes zur Monarchie begeistert. Vielerorts war die erste Reaktion auf die Krönung gedämpft. Das spanische Volk war zu lange unterdrückt worden und zeigte sich misstrauisch. Fragen über Fragen wurden von den Männern in den Bodegas, den spanischen Kneipen, diskutiert. Würde der neue König die Politik des verstorbenen Generals Franco fortsetzen? Oder würde ihn das Militär bald absetzen?

Böse Zungen behaupteten sogar: »Wenn der König eine Krone haben will, muss er sich eine aus Karton machen!«

Unsicherheit herrschte, weil Juan Carlos schließlich jahrelang im Schatten des Caudillo gestanden hatte. Wie sollte er jetzt alles besser machen? Nicht wenige hielten ihn für zu schwach für sein Amt.

Das spanische Volk lag falsch mit seinem Urteil. König Juan Carlos zeigte überraschende Stärken. Er wusste, dass Spaniens Weg in die Zukunft nur durch Veränderung auf vielen Gebieten zu realisieren war. Schon in seinen ersten Reden machte er deutlich, dass er ein »König für alle Spanier« sein wollte. Die Rechte und Freiheiten, die in jedem anderen Land Westeuropas seit langen Jahren selbstverständlich waren, sollte es endlich auch auf der iberischen Halbinsel geben. Während Spanien unter General Franco fast völlig isoliert gewesen war, brach unter König Juan Carlos und Königin Sofia nun eine neue politische Ära an. Das Königspaar verfolgte eine neue Linie und erschloss seinem Land neue Horizonte, indem es sich wieder mit dem Ausland versöhnte. Man reiste in die Sowjetunion, nach China und nach Indien.

Anfang 1976 stand ein Staatsbesuch beim amerikanischen Präsidenten Gerald Ford in Washington auf dem Programm. Als erster Monarch überhaupt durfte der spanische König vor dem Kongress der Vereinigten Staaten von Amerika eine Rede halten. Erst Jahre später war es beispielsweise Königin Elizabeth von England gestattet, dasselbe zu tun. Juan Carlos' Rede wurde von Senatoren und Kongressabgeordneten mit großem Beifall gefeiert. In Spanien registrierte die Bevölkerung das mit Anerkennung – und teilweise bereits mit Stolz.

Felipe war neun Jahre alt, als er am 1. November 1977 in Covadonga zum Prinzen von Asturien ernannt wurde. Die Zeremonie fand in Anwesenheit der königlichen Familie, der Mitglieder der Regierung, der Provinzbehörden und des asturischen Volkes statt. Der Prinz erhielt ein mit Brillanten besetztes Siegeskreuz aus purem Gold, das an den Feldherrn Don Pelayo und die Schlacht von Covadonga erinnert. Dazu bekam er – einer überlieferten Tradition entsprechend, die so uralt ist, dass niemand ihren Ursprung mehr kennt – eine Lederbörse mit fünf Fünfpesetenmünzen.

König Juan Carlos hielt seinem Sohn eine Rede: »Dieses Kreuz ist zugleich dein Kreuz. Dein Kreuz als künftiger König. Du musst es mit Stolz und Würde tragen, wie die Krone es verlangt. Du darfst dich keine Minute ausruhen, musst furchtlos an die Dinge herangehen, an deinen Untertanen nicht zweifeln. Dieses Kreuz verlangt von dir und von allen Spaniern, deren junge Generation du repräsentierst, immer das zu tun, was Spanien verlangt und von dir erwartet.«

Am gleichen Tag wurden Kronprinz Felipe auch noch die Titel des Prinzen von Gerona, Jaen und Viana, des Herzogs von Montblanc, Grafen von Cervera und Herrn von Balaguer verliehen. Diese Titel tragen alle Prinzen von Asturien, denn sie zeugen von der engen Verbindung zu den Provinzen Katalonien, Aragon und Navarra.

Felipe bewunderte seinen Vater, den König, im Laufe der Jahre immer mehr, je mehr er von dessen Pflichten mitbekam. Juan Carlos war in jeder Hinsicht sein Vorbild geworden. Der Prinz sagte: »Ich hatte es mir zur Aufgabe gemacht, nicht so sehr von meinem Vater abzuschauen, als vielmehr seine Entscheidungen zu begreifen. Ja, ich musste begreifen, ich wollte verstehen, was er denkt, fühlt und unternimmt. Diese Beobachtungen gehören zu den wichtigsten Momenten meiner Lehrjahre als zukünftiger König von Spanien.«

Juan Carlos fand diese Einstellung lobenswert und war dankbar dafür. So konnte Felipe schon als kleiner Prinz miterleben, wie sein Vater die vielen kleinen und großen Herausforderungen seines Amtes meisterte. Der König entwickelte sich zu einem hervorragenden Diplomaten. Als Staatsoberhaupt war er zugleich Oberbefehlshaber der spanischen Streitkräfte und sorgte dafür, dass Felipe ihn immer häufiger begleitete, wenn er die Kasernen besuchte und mit den Offizieren sprach.

Staatsstreich 1981: Putschist Antonio Tejero beim Sturm auf das Parlament

Anfang 1981, Prinz Felipe war gerade dreizehn Jahre alt, gab es bedrohliche politische Spannungen in Spanien. Als die Regierung von Premierminister Adolfo Suárez in parlamentarische Schwierigkeiten kam, sahen die alten Anhänger der Diktatur ihre Stunde nahen. Am 23. Februar stürmte eine Hundertschaft der Guardia Civil unter dem Kommando des Oberstleutnants Antonio Tejero mitten während einer Fernsehübertragung das Parlament. Tejero schoss wild mit einer Pistole an die Decke und zwang die Abgeordneten und Minister, hinter ihren Pulten Deckung zu suchen. So gut wie alle Spitzenpolitiker Spaniens befanden sich damit auf einen Schlag als Geiseln in der Hand der Aufständischen. Gleichzeitig fuhren etliche Panzer rasselnd durch die Straßen der Hauptstadt. Ein Militärputsch war in vollem Gange!

Aber was die Stunde der Militärs werden sollte, wurde die Stunde des Königs. Wie sich zunächst herausstellte, standen hohe Offiziere der Streitkräfte hinter dem Putschversuch. Sie hatten bei ihrer Aktion offenbar mit der Duldung oder gar dem Einverständnis des Königs gerechnet, ohne ihn jedoch von ihrem Vorhaben in Kenntnis zu setzen.

König Juan Carlos bei seiner Fernsehansprache an die Nation kurz nach dem gescheiterten Putschversuch am 23.2.1981

Doch was tat Juan Carlos, nachdem er sich schnell wieder von seinem Schock erholt hatte? Er zog sich in sein Arbeitszimmer zurück und rief der Reihe nach seine Militärbefehlshaber an, um sie an ihre Loyalität und ihre Pflichten zu erinnern. »Wenn ihr mich beseitigen wollt, müsst ihr mich umbringen!«, war seine klare Aussage, die er alle mit fester Stimme wissen ließ.
Bis zum Morgengrauen hatte er erreicht, dass die Aufständischen ihre Panzer in die Kasernen zurückholten. Die Straßen waren wieder frei. Dann stellte er den Verschwörern ein Ultimatum und forderte ihre bedingungslose Kapitulation. Die ganze Zeit über hatte Prinz Felipe neben seinem Vater gesessen und gehört, wie er in dieser langen, aufwühlenden Nacht die Demokratie Spaniens rettete.
Zwischendurch kleidete sich König Juan Carlos in seine Uniform des Oberbefehlshabers der Streitkräfte und ließ für das Fernsehen eine Ansprache aufnehmen:
»Die Krone als Symbol der Dauer und der Einheit des Vaterlandes duldet auf keinen Fall Handlungen von Personen, die versuchen, mit Gewalt den demokratischen Prozess zu unterbrechen, wie er in der neuen Verfassung vorgesehen ist.«

Der Putsch brach nach achtzehn dramatischen Stunden schließlich in sich zusammen, und selbst Santiago Carillo, prominentes Mitglied der kommunistischen Partei und wirklich kein Freund der Monarchie, sagte anerkennend: »König Juan Carlos stand auf seinem Posten und verteidigte ihn.«

Diese Sternstunde seines Vaters war für Prinz Felipe das wohl aufwühlendste Erlebnis, das er zu begreifen und zu verarbeiten hatte. Letizia Ortiz hingegen hatte eine unbeschwerte Jugend.
»Ich verkroch mich hinter Büchern und lernte, was das Zeug hielt«, sagt sie über ihre frühen Jahre, und ihre Lehrer bescheinigten ihr schon zu Schulzeiten einen ungewöhnlichen Wissensdrang. Sie war an allem und jedem interessiert. Und sie hatte ein großes Ziel vor Augen: Sie wollte um jeden Preis Journalistin werden, bei einer Zeitung, im Radio oder gar im Fernsehen. Wie man weiß, schaffte es Letizia sogar, in allen drei Sparten zu arbeiten!

Im Frühjahr 1987, als Letizia gut 14 Jahre alt war, zog sie mit ihrer Familie in die Hauptstadt Madrid. Ein Verwandter hatte den Ortiz' eine günstige Fünfzimmerwohnung besorgt. Die beiden jüngeren Schwestern Erika und Thelma teilten sich ein Kinderzimmer, Letizia hatte ihr eigenes kleines Zimmer, das sie sich gemütlich einrichtete. Mit Postern von niedlichen Tieren an der Wand, einer Ausziehcouch als Bett und einem kleinen Schreibtisch. Puppen waren dort nicht vorhanden, denn diesen »Mädchenquatsch«, wie sie es nannte, überließ sie lieber Erika und Thelma, die jede freie Minute damit verbrachten, ihre Püppchen einzukleiden und zu frisieren. Auf dem Boden in Letizias Zimmer stapelten sich hingegen Tageszeitungen und Illustrierte, ordentlich sortiert nach »wichtig« und »vielleicht inter-

essant«. Viele Textpassagen hatte sie mit einem grünen Kugelschreiber unterstrichen. Nur sie konnte wissen, wofür sie diese Informationen irgendwann einmal brauchen würde.
Vater Jesus Ortiz war in Madrid als freier Journalist für verschiedene Redaktionen tätig. Weil er seine kleine Familie anfangs nicht allein ernähren konnte, arbeitete seine Frau Paloma in ihrem erlernten Beruf als Krankenschwester in einer Privatklinik. Sie war überaus tüchtig und beliebt. Viele ihrer Patienten schenkten ihr Schokolade, Pralinen und Obst; Dinge, die sie selbst von ihren Angehörigen bekommen hatten. Paloma verstand ihren Beruf nicht nur als reine Arbeit, um Geld zu verdienen. Sie war auf ihrer Station das Mädchen für alles und hauptsächlich Seelsorgerin für die Kranken. Für jeden hatte sie ein offenes Ohr, hörte sich Sorgen und Ängste an. Als ihr Chefarzt Professor Rodriguez in eine Kinderklinik wechseln wollte, bat er Paloma mitzukommen. Obwohl sie fast das doppelte Gehalt bekommen hätte, gab sie ihm eine Absage: »Nein, das kann ich nicht. Ich würde an dem Leid der Kinder zerbrechen. Wenn ich mir nur vorstelle, dass ich einem krebskranken Kind in die Augen schauen müsste, kommen mir die Tränen. So stark bin ich nicht. Ich könnte die Kinder nicht streicheln, sie anlügen und ihnen sagen, dass alles wieder gut wird. Ich würde den ganzen Kummer mit nach Hause nehmen und könnte nachts nicht mehr schlafen. Das will ich meiner Familie nicht antun. Für so eine Aufgabe muss man geboren sein.«
Professor Rodriguez bedauerte Palomas Entscheidung zutiefst, zeigte aber Verständnis.
Nach den Sommerferien im Spätsommer 1987 wurde Letizia mit großer Mehrheit von ihren Kameradinnen und Kameraden zur »Chefredakteurin« der Schülerzeitung gewählt. Das war eine Aufgabe ganz nach ihrem Herzen! Aber ihre Eltern befürchteten Schlimmes:

Letizia mit ihren Eltern Paloma und Jesus Ortiz nach Abschluss der Journalistenschule

Würde sie darin so aufgehen, dass sie ihre Aufgaben in der Schule vernachlässigte? Letizia versprach hoch und heilig, beides miteinander vereinbaren zu können. Sie hielt ihr Versprechen durch ihren eisernen Willen und büffelte bis an ihre kindlichen Grenzen. Hauptsache, sie war eine »richtige Chefredakteurin«.

In einem ihrer ersten Aufsätze in der Schülerzeitung befasste sie sich mit der Massentierhaltung in Spanien. Sie war erst vierzehn Jahre alt! Doch im Fernsehen hatte sie einen Bericht über dieses Thema gesehen, und es hatte ihr fast das Herz zerrissen, als sie mitbekam, unter welchen Umständen die süßen Ferkel und Kälbchen dahinvegetierten, bevor sie ihr junges Leben im Schlachthof beendeten. Dennoch prangerte die angehende Journalistin in ihrem Aufsatz niemanden an, sondern schilderte nur die nüchternen Tatsachen.
Letizias Lehrer waren von ihrer Berichterstattung irritiert. So etwas hatte noch nie zuvor in der Schülerzeitung gestanden! Dort war meistens die Rede von den letzten Ausflügen, Erlebnissen in den Sommerferien oder kleinen und großen Problemen, die in den Schulpausen auftraten. Und jetzt auf einmal das.

Letizia Ortiz als Teenager mit ihrem Hund Señor

Letizias Vater Jesus Ortiz hatte den Aufsatz seiner Tochter mehrere Male sehr aufmerksam gelesen und war fasziniert. Er hatte immer gewusst, dass in seiner Tochter ein gewisses Talent zum Schreiben schlummerte, und deswegen sparte er nicht mit seinem Lob. Und er fand auch schnell heraus, dass Letizia ihren Bericht ernster meinte, als es schien. Seine Tochter weigerte sich von heute auf morgen schlichtweg, weiterhin Fleisch zu essen! Jesus Ortiz überlegte und akzeptierte diese Entscheidung schließlich, nachdem er lange mit seiner Frau darüber gesprochen hatte.
»Wenn es denn so sein soll«, sagte Mama Paloma, »koche ich eben für uns normal und für Letizia vegetarisch. Das bekomme ich schon hin!«
Bis zum heutigen Tag ist Letizia Vegetarierin. Genau wie Königin Sofia von Spanien.

Am 15. September 1987 bekam Letizia zu ihrem fünfzehnten Geburtstag von ihren Eltern einen Herzenswunsch erfüllt: Sie schenkten ihr einen Kassettenrekorder. Letizia benutzte ihn aber nicht, um Musikkassetten mit Popsongs anzuhören, wie andere Mädchen in

ihrem Alter, sondern sie kaufte sich von ihrem ersparten Taschengeld ein kleines Mikrofon und spielte in ihrem Zimmer Radioreporterin.
»Hör mal, sie spinnt schon wieder«, sagte Erika zu Thelma und zog sie an die Tür zum Zimmer ihrer älteren Schwester. Sie lauschten und kicherten. Dann nahmen sie im Flur eine Colaflasche in die Hand, die als Mikrofon dienen sollte, und machten Letizia mit übertrieben gestelzter Stimme nach: »Guten Abend, meine sehr geehrten Damen und Herren. Soeben erreichte uns eine Sondermeldung. Wie wir vom Wetteramt hörten, soll es morgen schneien, obwohl wir uns erst im September befinden. Kaufen Sie Wintersachen …«
»Ihr seid gemein!«, hatte Letizia durch den Türspalt gerufen. »Geht mit euren Puppen spielen!«
Im Laufe der Zeit besprach Letizia immer mehr Tonbänder. Sie löschte die Kassetten aber nie. Ordentlich

Letizia in roter Bluse im Kreise ihrer Familie (v.l. ihre Schwestern Thelma und Erika, Mutter Paloma und eine Freundin)

beschriftete sie alle mit Datum und sogar Uhrzeit. Sie hörte sich die Bänder zwischendurch immer wieder an, um beurteilen zu können, wo sie sich verbessern konnte und welche Fortschritte sie gemacht hatte. Dadurch wurde sie immer besser. Papa Jesus Ortiz war ein Befürworter dieses Hobbys, und Erika und Thelma gaben es mit der Zeit auf, sie nachzumachen.

Letizia Ortiz verfolgte auch als junge Frau zielstrebig ihre Karriere weiter. Nach dem Gymnasium studierte sie Informationswissenschaften an der Universität Complutense in Madrid und konnte wenig später auch noch ein abgeschlossenes Studium in audiovisuellem Journalismus aufweisen. Dann ging sie für einige Monate nach Mexiko, um mit den Vorarbeiten für eine Doktorarbeit zu beginnen. In Mexiko-Stadt verdiente sie sich nebenbei etwas Taschengeld mit kleinen Reportagen bei der Tageszeitung *Siglo 21*. Aber sie hatte Heimweh nach ihrer Familie und ihren Freunden in Spanien und kehrte nach sieben Monaten wieder zurück nach Madrid, ohne die Doktorarbeit beendet zu haben.

Auch Prinz Felipe verbrachte als junger Mann einige Zeit im Ausland. Zunächst besuchte er Ende 1984 für ein Jahr ein kanadisches College in Lakefield, um dort sein Englisch und Französisch zu vervollkommnen, und verließ damit zum ersten Mal den Schoß seiner Familie. Diese Erfahrung erwies sich für den Kronprinzen als durchaus positiv, und es waren eher seine Eltern, denen die Trennung schwer fiel. Königin Sofia telefonierte dreimal am Tag mit ihrem Sohn, und Vater Juan Carlos hätte das sicher auch gern getan, aber er pflegte zu sagen: »Felipe muss langsam lernen, auf eigenen Füßen zu stehen. Da muss er eben durch.« Harte Worte, mit denen er seine Gefühle verbarg. Denn jedes Mal, wenn im Zarzuela-Palast das private Telefon klingelte,

Felipe nach bestandener Aufnahmeprüfung an der Militärschule

griff Juan Carlos aufgeregt zum Hörer – in der Hoffnung, sein Sohn könnte am anderen Ende der Leitung sein.

Die Universität in Lakefield bei Toronto, gegründet im Jahre 1879, ist eine der besten Universitäten der Welt. Prinz Felipe hatte wie seine Kameraden ein einfaches Zimmer. Über seinem Bett hing ein großes Poster der Madrider Fußballmannschaft Atlético – getreu der Universitätsdevise: *Mens sana in corpore sano* (Ein gesunder Geist wohnt in einem gesunden Körper). Felipes einzige Schwäche: Er schlief morgens gerne lang und wachte trotz seines Radioweckers nur schwer auf. Sein kanadisches Abitur bestand Felipe trotzdem mühelos, und er wurde bei seiner Abreise für seine Fähigkeit, sich einzuordnen, und für seine Aufgeschlossenheit gegenüber den Gefährten hoch gelobt.

Zurück in Spanien, bestand Prinz Felipe die Aufnahmeprüfung für die Militärakademie in Saragossa. Er wusste, dass diese Zeit kein Zuckerschlecken sein würde, aber er liebte das Militär und wollte sich der Herausforderung stellen. Sein Ururgroßvater König Alfons XII. hatte mit einem persönlichem Dekret vom 20. Februar 1882 die Generalmilitärakademie gegründet, und seine Ururgroßmutter Königin Maria-Cristina hatte die Fahne gestickt, auf die vor Felipe bereits sein Großvater Juan und sein Vater Juan Carlos den Eid geleistet hatten. Der junge Prinz wurde wie alle anderen Offiziersschüler behandelt, aber mit einigen protokollarischen Rücksichten. Bei seiner Ankunft wurde er von der Generaldeputation von Aragon, dem Stabschef der Armee und dem Chef der 3. Luftfahrtregion, der zugleich Direktor der Militärakademie war, in Empfang genommen. Anschließend leistete er seinen Fahneneid.

Letizia sah den Festakt im Fernsehen und sagte: »Wie gern hätte ich darüber als Reporterin berichtet!«, ohne zu wissen, wie nahe sie dem Objekt ihres journalistischen Interesses später noch kommen sollte.
Aber Letizia war damals noch zu unerfahren, um eine derartige militärische Zeremonie kommentieren zu können. Sie hatte gerade ihren ersten festen Job bei der bekannten Madrider Tageszeitung *ABC* bekommen. In den Redaktionskonferenzen erwies sie sich stets als gut informierte, interessierte und überaus sympathische Kollegin. Ihre lange Vorbereitung auf den Traumjob hatte sich ausgezahlt: Ihre Artikel und Interviews waren fundiert, sorgfältig recherchiert und spannend geschrieben. Und, was darüber hinaus nicht schaden konnte: Letizia legte viel Wert auf ihre äußere Erscheinung und unterstrich ihre natürliche Schönheit immer mit einem sorgfältigen Make-up und einer gut ausgewählten Garderobe.
Letizia entpuppte sich aber nicht nur als hervorragende Journalistin, sondern auch als äußerst hilfsbereite Kolle-

Letizia in vollem Einsatz als Reporterin vor Ort …

gin. Wenn jemand in seinem Text stecken blieb oder um bestimmte Formulierungen rang, war Letizia stets zur Stelle und half mit kurzen und sachlichen Worten. »Siehst du, ist doch gar nicht so schwer«, sagte sie dann lächelnd. Neid oder Missgunst waren ihr total fremd. Davon schwärmen auch heute noch die Mitarbeiter der offiziellen spanischen Presseagentur *EFE*, zu der sie nach einigen Monaten wechselte.

Dank ihrer Zielstrebigkeit, die mit Liebenswürdigkeit, perfektem Auftreten und blendendem Aussehen gepaart ist, schaffte sie schon bald den Sprung ins Fernsehgeschäft. Ihr Debüt vor der TV-Kamera gab sie bei dem amerikanischen Privatsender *CNN*, wo sie als Reporterin und gelegentlich als Moderatorin tätig war. Mittlerweile hatte sie bereits einige Berufserfahrung sammeln können und war selbstsicher, charmant und seriös. Sie kam »gut rüber«, wie man beim Fernsehen sagt.

Das bemerkten schnell auch die Bosse des Ablegers des US-Privatkanals *Bloomberg-Spanien* und warben sie erfolgreich ab. Damit war Letizia Ortiz ein bedeutsamer Karrieresprung gelungen.

Mit ihren Reportagen konnte sie nun regelmäßig die

… und als landesweit berühmte TV-Moderatorin

Menschen vor den Bildschirmen begeistern. Und zwar so sehr, dass der offizielle spanische Presseverband sie zur »Besten Journalistin unter 30 Jahren« erkor – eine Auszeichnung, für die sie äußerst dankbar und stolz war, denn jetzt stand ihrem Aufstieg beim Fernsehen nichts mehr im Wege.

Richtig berühmt wurde Letizia Ortiz in Spanien aber erst, als sie schließlich einen Vertrag bei *Televisión Española* unterschrieb. Der Sender, kurz *TVE* genannt, hatte seit Jahren die höchsten Einschaltquoten des Landes, und »neue Gesichter in einem jungen Team«, wie es dort hieß, »kommen immer gut an«.

Weil Letizia als begeisterungsfähig, intelligent und mutig galt, bekam sie immer mehr Aufträge für TV-Reportagen, die zur besten Sendezeit ausgestrahlt wurden. So reiste sie mit einem Kamerateam mehrfach in den Nahen Osten und in andere Krisengebiete der Welt. Als Sonderkorrespondentin wurde sie nach New York geschickt, um über den schrecklichen Anschlag vom 11. September zu berichten. Sie erfüllte den Auftrag in der für sie so typischen Art und Weise – mit dem gebotenen Respekt, mit Würde und tiefer Anteilnahme.

Wenig später bekam Letizia bei *TVE* sogar ihre eigene

Sendung, »Informe Semana« (Wochenbericht), die jeden Sonntagmittag ausgestrahlt wurde. Im wöchentlichen Wechsel mit anderen Kolleginnen und Kollegen moderierte sie schließlich auch das Frühstücksfernsehen zu Tagesbeginn. Die Zuschauer waren so begeistert, und Letizia bekam so viel Fanpost in den Sender geschickt, dass dieser schließlich sogar Autogrammkarten für sie drucken ließ.

Die Verantwortlichen bei *TVE* sagten einstimmig: »Eine Journalistin mit ihren Qualitäten ist in Spanien nur alle 15 oder 20 Jahre zu finden!« Was für ein Kompliment! Aber damit nicht genug: Künftig durfte Letizia Ortiz bei *TVE* um 20.00 Uhr die Abendnachrichten moderieren, die Krönung für jeden Journalisten!

»Wer ist das?«, fragte Prinz Felipe eines Abends, als er sich gemeinsam mit seiner Schwester Prinzessin Elena und ihrem Mann Jaime de Marichalar die Nachrichtensendung auf *TVE* ansah.

»Du kennst sie nicht?«, erwiderte Elena kopfschüttelnd.

»Nein, ich habe nicht aufgepasst. Wurde denn ihr Name schon eingeblendet?«

»Aber das ist doch Letizia Ortiz!«

»Aha, Letizia Ortiz – wie interessant!«

4
Die Fehler

»Es ist nicht so leicht,
die große Liebe zu finden«

4 Die Fehler

Prinz Felipe hatte seine Schwester Prinzessin Elena und seinen Schwager Jaime de Marichalar an jenem Abend vor dem Fernsehgerät angeflunkert, als er sich nach der Nachrichtensprecherin erkundigte und das Paar mit seiner angeblichen Unwissenheit überraschte. Zu diesem Zeitpunkt kannte er Letizia Ortiz nämlich schon sehr gut. Er hatte persönlich und diskret über Beziehungen zu den höchsten Stellen des Senders *TVE* dafür gesorgt, dass Letizia die Abendnachrichten moderieren durfte.

Letizia hatte erst später von der Intervention des Prinzen erfahren, und natürlich war ihr klar, dass sie diese Chance ohne ihr professionelles Können und ihre hervorragende Stellung beim Sender niemals erhalten hätte. So bekam Felipe für seine Tat von Letizia statt einer ernsthaften Auseinandersetzung nur einen liebevollen Knuff.

Ihre erste Sendung war am 29. September 2003 ausgestrahlt worden. Exakt 40 Tage vor der Verlobung am 6. November 2003. Felipe hatte damit erreichen wollen, dass die Bevölkerung Letizia als sympathische junge Frau kennen lernte. Dieser geniale Schachzug zeigte rasch Erfolg, denn fast jeder Spanier sieht abends die Nachrichten auf *TVE*. Kein Wunder also, dass Felipes Schwester kopfschüttelnd gemeint hatte: »Was, du kennst sie nicht? Das ist doch Letizia Ortiz!«

Ein Jahr zuvor, im frühen Herbst 2002, hatte sich Felipe Rat suchend an den TV-Reporter Pedro Erquicia gewandt. Der Prinz und der Journalist hatten ein gutes, sogar freundschaftliches Verhältnis zueinander, seit sie sich anlässlich eines Fernsehinterviews kennen gelernt hatten, das Erquicia vor ein paar Jahren zum 30. Geburtstag von Prinz Felipe gemacht hatte. Sie waren sich damals auf Anhieb sympathisch gewesen, und der Prinz hatte Vertrauen zu dem jungen Fernsehmann gefasst.

So lag es nahe, dass der Prinz mit Erquicia sprach, als ihm in jenem Herbst das Thema »Umgang mit der Presse« auf dem Herzen lag. Wie man weiß, hatte sich Felipe auf Befehl seiner Eltern, König Juan Carlos und Königin Sofia, von der Norwegerin Eva Sannum getrennt. Die 28-Jährige hatte als Model gearbeitet und war deshalb von der spanischen Regenbogenpresse als »Felipes Unterwäsche-Freundin« beschimpft worden. Der Prinz wollte nun von Pedro Erquicia wissen, wie er bei zukünftigen Freundinnen, die den hohen Ansprüchen des Hofes und der Society möglicherweise nicht genügten, eine negative Berichterstattung vermeiden könne.

Hochzeits-Souvenir: ein Mini-Schaukelstuhl mit Letizias Porträt und Krone

Im Laufe des Gesprächs beichtete Felipe seinem Freund, dass er sich für eine Frau interessierte, die er noch gar nicht persönlich kannte! Doch ihr Gesicht und ihre Ausstrahlung waren ihm von ihren Sendungen im Fernsehen her bestens vertraut: Es handelte sich um Letizia Ortiz.

Pedro hatte tief Luft geholt und gesagt: »Ist das Ihr Ernst?« Felipe nickte und bat: »Können Sie ein ungezwungenes Treffen in Ihrer Wohnung arrangieren?« Diesmal nickte Pedro.

Felipe hatte Letizia häufig auf dem Bildschirm betrachtet, und sie wusste natürlich auch, wer der Kronprinz von Spanien war. Dennoch erinnerte das gewünschte Treffen an ein »Blind Date«, also ein Rendezvous, wie es zuweilen von Freunden für Singles organisiert wird: Felipe und Letizia hatten sich noch nie von Angesicht zu Angesicht gesehen.

Weil Pedro Erquicia, einflussreicher Moderator der beliebten Sendereihe *TV-Dokumente*, häufiger Gäste zum Abendessen in seine Wohnung bat, schöpfte niemand Verdacht. Es war auch nicht das erste Mal, dass Felipe eingeladen war, um in einem bunt gemischten Kreis von Leuten mit intellektuellen Berufen zu diskutieren. Aber es war das erste Mal, dass Letizia Ortiz dabei war.

Eindeutige Signale: Felipe und Letizia zu Beginn ihrer Bekanntschaft

Pedro Erquicia bereitete alles sehr sorgfältig vor und lud vor allem die Gäste schon einige Wochen vorher ein, um ihnen die Möglichkeit zu geben, den Termin unumstößlich einplanen zu können. Er sagte aber niemandem, dass auch Prinz Felipe diesmal wieder mit von der Partie war. Das Datum legte er auf den 17. Oktober 2002 fest, und alle Gäste sagten erfreut zu. Unter ihnen befanden sich bekannte Redakteure, Unternehmer und Leute vom Film. Ein leitender Direktor von *TVE*, Manuel Rubio, brachte Letizia Ortiz mit. Er hatte ihr erzählt, dass seine Frau sich nicht wohl fühlte und ihn deshalb nicht begleiten könne. Letizia, die neue personelle Errungenschaft von *TVE*, sprang gern ein und freute sich darauf, Kontakt zu den einflussreichsten Kreisen des spanischen Journalismus zu bekommen.
Pedro Erquicias wunderschöne Wohnung lag im Madrider Stadtteil Salamanca, einem der elegantesten im Zentrum der spanischen Hauptstadt. Um 21:30 Uhr trafen die Gäste ein, und man unterhielt sich angeregt bei einem Aperitif. Die Minuten verstrichen, doch das Buffet wurde nicht eröffnet. Worauf wartete Pedro? Fehlte noch jemand? Ja. Ein Gast fehlte noch: Prinz Felipe. Er kam, entschuldigte sich für die Verspätung und gesellte sich zu der illustren Gesellschaft. Felipe war in Begleitung von Jaime Alfonsin, dem Chef seines Sekretariats, und dessen Frau Natalia gekommen.
Zwei der Anwesenden waren jünger als der Durchschnitt der Gäste – und sie waren allein unterwegs: Felipe und Letizia. Pedro Erquicia bat Letizia ganz ungezwungen, sich an die Seite von Prinz Felipe zu setzen. Die Gäste ahnten nicht, dass diese Inszenierung perfekt organisiert und geplant war. Und zwar mit dem einzigen Hintergedanken, dass der Kronprinz endlich die junge Frau kennen lernen konnte, die ihm im Fernsehen aufgefallen war.
Der Plan funktionierte perfekt: Felipe und Letizia ver-

Die imposante Villa des Kronprinzen und Letizias neues Zuhause nach der Hochzeit. Am Eingang weht die Fahne des Prinzen von Asturien

standen sich auf Anhieb und hörten den ganzen Abend nicht mehr auf, miteinander zu reden und einander anzulächeln. Man sah, dass sie sich ausgesprochen wohl fühlten. Beide erzählten von ihren neuen Wohnungen: Er von seiner wunderbaren 1700 Quadratmeter großen Villa in der Nähe des Zarzuela-Palastes. Sie von ihrer Zweizimmerwohnung im Madrider Vorort Valdebernardo. Sie schütteten sich aus vor Lachen, als Letizia meinte, ihre komplette Wohnung würde wahrscheinlich exakt in einen der Salons des Prinzen passen. Sie unterhielten sich über Filme, Schauspieler und Musik. Die Verzauberung beruhte auf Gegenseitigkeit. Der Prinz hatte seine Prinzessin gefunden.

Trotz der überwältigenden Sympathie, die die beiden füreinander empfanden, trafen sie sich erst zwei Monate später wieder, leider zu einem traurigen Anlass: Der

Kronprinz Felipe beim Besuch des Katastrophengebiets an der galicischen Küste nach dem schweren Tankerunglück Ende 2002

Öltanker »Prestige« war mit 77000 Tonnen Öl beladen in den Atlantik gesunken, was in Galicien zu einer Umweltkatastrophe führte.

Prinz Felipe besuchte den Ort des Desasters, um sich als offizieller Vertreter des Königshauses ein Bild von der Lage zu machen. Letizia Ortiz ihrerseits war mit ihrem Fernsehteam gekommen, um über das Unglück zu berichten. Sie trafen sich an dem ölverseuchten Küstenstrich, und der Prinz tat so, als sei er ihr zuvor noch nie begegnet. Letizia schaltete blitzschnell und verhielt sich genauso. Ihre innere Stimme hatte ihr zugeflüstert, das Verhalten des Prinzen nicht persönlich zu nehmen, sondern dem öffentlichen Charakter dieser Begegnung zuzuschreiben, wofür Felipe sie noch mehr respektierte.

Als Letizia dem Prinzen vorgestellt wurde, nutzten einige Fotografen die Gelegenheit, um Bilder von dieser Begegnung zu machen. Nach Bekanntgabe der Verlobung dachte die spanische Öffentlichkeit, dass dies der Augenblick gewesen sei, in dem sie sich kennen gelernt hatten. Für Felipe konnte es keine bessere Bestätigung geben: Er hätte mit seinem Interesse an Letizia nicht diskreter und vorsichtiger umgehen können!

Doch es sollten noch einige Monate vergehen, bis die Liebesgeschichte zwischen Kronprinz Felipe und Letizia wirklich begann. Nach dem unschönen Ende seiner Beziehung zu Eva Sannum wollte Felipe sich seiner Sache ganz sicher sein. Und Letizia war bereits seit mehreren Jahren mit dem sympathischen spanischen Journalisten David Tejera liiert, auch wenn die Beziehung bröckelte.

Vielleicht war es ein weiser Zug der Vorsehung, dass Letizia, zusammen mit ihrer Kollegin Raquel Gonzales, von ihrem Sender *TVE* erst einmal nach Umm Qasr geschickt wurde. Dort, im Süden Iraks, sollte sie live über den Irak-Krieg berichten. Prinz Felipe sah sie fast jeden Abend auf dem Bildschirm, und er konnte nicht anders als ihren Mut bewundern, aus einem so gefährlichen Teil der Welt Informationen nach Hause zu übermitteln. Seine Gefühle für sie wurden intensiver.

Am 26. April 2003 kehrte Letizia mit ihrem Team an Bord eines Hercules-Truppentransporters der spanischen Luftwaffe nach Madrid zurück.

Und jetzt wollte der Prinz nicht länger warten. Er rief sie an und bat um ein Treffen. Nur am Rande wird es ihn interessiert haben, was die schöne Journalistin nach sechs Wochen im Kriegsgebiet zu erzählen hatte. Er hatte ihre Nähe gesucht, ihr Lächeln vermisst …

Sieben Tage später, am langen Wochenende des 1. Mai 2003, trafen Letizia und Felipe sich zum ersten Mal allein. Letizia gab sich alle Mühe, bei ihrem ersten Treffen so perfekt wie möglich auszusehen. Sie suchte ihre Kleidung mit Sorgfalt aus, schminkte sich wie immer dezent und versuchte, ihre Nervosität in den Griff zu bekommen. Dabei hatte sie das eigentlich gar nicht nötig, denn der Prinz war von ihrer unbeschwerten Art bereits vollkommen fasziniert.

Das Paar verabredete sich zum Abendessen und traf sich danach mit einer Hand voll engster Freunde des Prinzen in einer diskreten Bar im Herzen von Madrid. Natürlich war das keine gewöhnliche Bar, in die jeder hineinkommt. Einen Türsteher gibt es dort allerdings auch nicht. Stattdessen muss man vorher anrufen, einen Code ausmachen und diesen an der Tür eingeben. Dann erst öffnet sich dem Besucher der Zugang.

Die verschwiegenen Kellner in der Bar an der Plaza de Cebada, die im maurischen Stil eingerichtet ist, tragen wunderschöne Dschellabas (marokkanische Gewänder). Die Drinks kosten etwa ab 30 Euro aufwärts. Bezahlt wird aber nur in seltenen Fällen mit Kreditkarten. Die meisten Gäste bekommen die Rechnung nach dem Besuch unauffällig an eine hinterlegte Adresse geschickt.

An diesem Abend benahmen sich Letizia und Felipe zum ersten Mal nicht mehr ganz unauffällig. Sie saßen eng beieinander, tuschelten, schauten sich in die Augen und tauschten Zärtlichkeiten aus. Man konnte sehen, dass der Prinz von seiner jungen Begleiterin begeistert war. Sie trafen sich auch in den nächsten Wochen in dieser Bar oder zum Essen zu Hause bei Freunden.

Letizia wurde sich langsam bewusst, was passierte: Felipe, der Thronfolger der spanischen Krone, war im

Der berühmte Größenunterschied …

Begriff, sich ernsthaft in sie zu verlieben. Und sie erwiderte seine Gefühle. Ihre dreijährige komplizierte Beziehung zu dem Journalisten David Tejera war so gut wie vorbei. Darum war sie auch bereits aus der gemeinsamen Wohnung ausgezogen und hatte sich in Valdebernardo jenes kleine Appartement genommen.
Letizia zweifelte nicht an Felipes Gefühlen, wollte nicht an ihnen zweifeln, zumal er nicht nur charakterlich, sondern auch rein optisch ihr Traummann war: 1,98 Meter groß, 81 Kilo schwer, sportlich und durchtrainiert. Sie selbst ist 1,68 Meter groß, wiegt 49 Kilo und

trägt Kleidergröße 36 (die spanischen Größen sind etwas kleiner als die deutschen). Sie ist also stolze 30 Zentimeter kleiner als Felipe, aber das war nie ein Thema zwischen ihnen. Sie hatte immer einen Mann zum Anlehnen gesucht, er wollte immer eine zierliche Frau beschützen. Sie passten also perfekt zusammen.

Fast perfekt – wären da nicht Letizias Zweifel gewesen: Mit ihrem Ex-Freund David hatte sie trotz ihrer Bekanntheit vom Fernsehen ein ruhiges und verhältnismäßig anonymes Leben führen können. Mit jedem anderen Mann wäre dies ebenso möglich gewesen, an Felipes Seite aber würde sie zur meistfotografierten Frau der spanischen Presse werden. Und zu einem scharf beobachteten Objekt der Kritiker. Zudem konnte sie sich nicht sicher sein, ob der König und die Königin sie jemals als Schwiegertochter akzeptieren würden.

Für eine Liebelei war sich Letizia zu schade. Aber was wäre, wenn die Presse Wind von ihrer Affäre mit dem Prinzen bekäme? Würde dann durch das Veto des Königspaares alles wie eine Seifenblase in der Luft zerplatzen? Sie dachte in solchen Momenten an ihre Karriere als seriöse TV-Moderatorin. Diese würde mit ziemlicher Sicherheit zu Ende sein, und damit alles, wofür sie jahrelang gekämpft hatte. Sie wollte es um jeden Preis vermeiden, sich jemals in die Reihe der verschmähten Geliebten des Thronfolgers einordnen zu müssen.

Trotzdem traf sich Letizia weiterhin mit Felipe. Ihre innersten Gefühle sagten ihr, dass es bereits zu spät war, um die Romanze zu beenden. Darum bat sie den Prinzen inständig darum, besondere Sicherheitsmaßnahmen zu treffen. Niemand sollte sie zusammen sehen oder gar heimlich fotografieren. Letztendlich war es also Letizia gewesen, die die Fäden der Beziehung in die Hand genommen hatte. Weil sie schon ein paar Liebes-

Frauenschwarm Felipe

enttäuschungen hinter sich hatte, wollte sie diesmal wenigstens ihre Karriere retten, wenn etwas schief gehen sollte.

Wie der Zufall es wollte, hörte Letizia eines Mittags in der Kantine ihres Senders, wie Kollegen am Nebentisch ziemlich laut über Prinz Felipe diskutierten. Keiner von ihnen hätte mit ihm tauschen wollen, denn er habe doch überhaupt keine Freiheiten. Und die Frau, die er einmal heiraten dürfe und die Königin an seiner Seite würde, müsse doch wohl erst noch geboren werden. Sie hingegen hätten mit ihren Freundinnen – hier fielen

einige Mädchennamen – alle Freiheiten dieser Welt. Der König sei zwar ein toller Kerl, fast einer von ihnen, aber er hätte eben bestimmte Regeln bei der Wahl seiner Schwiegertochter zu beachten.
Dann hörte Letizia einen Satz, der ihr fast das Blut in den Adern gefrieren ließ. Einer ihrer Kollegen zitierte Juan Carlos mit den Worten: »Kein Mann darf später einmal behaupten, er habe mit der Königin von Spanien geschlafen!«
Das saß. Letizia beendete ihre Mahlzeit, ohne aufzuessen, und ging zurück in das Nachrichtenstudio. Ob sie Felipe jemals von dieser zufällig mitgehörten Diskussion erzählt hat, ist nicht bekannt. Vielleicht hat sie es getan, weil sie ein offener Mensch ist. Vielleicht aber auch nicht, weil die beiden Liebenden auch ohne viel Worte wussten, wie schwer es werden würde, bis einer Hochzeit nichts mehr im Wege stand.
Der Prinz verliebte sich immer mehr in Letizia. Er schickte Geschenke mit kleinen handgeschriebenen Liebesgrüßen. Sie freute sich darüber, wie es jedes Mädchen getan hätte. Aber sie war sich nicht hundertprozentig sicher, ob sie sich in diese Liebesgeschichte weiter hineinfallen lassen sollte. Und das war es möglicherweise, was Prinz Felipe an Letizia so faszinierte: Sie behandelte ihn wie einen normalen Mann, ohne sich von seiner königlichen Herkunft blenden zu lassen. Jedenfalls nicht, was die Gefühle anging. Andere junge Frauen in ihrer Situation hätten vielleicht anders gehandelt. Sich so einen »Goldfisch an der Angel« nicht nehmen lassen. Millionen von Mädchen, nicht nur Spanierinnen, schwärmten schließlich von dem gut aussehenden Thronfolger Felipe, von Europas begehrtestem Junggesellen. Und wie sich in anderen Königshäusern bereits abzeichnete, konnten Märchen heutzutage vielleicht doch wahr werden: Prinz heiratet bürgerliches Mädchen und macht sie zu seiner Königin …

Ein Blick in die Vergangenheit: Letizia mit ihrem ersten Ehemann Alonso Guerrero

Letizia konnte sich nicht entscheiden. Auf der einen Seite fühlte sie sich immer mehr zu Felipe hingezogen. Auf der anderen Seite hatte sie Angst vor der Zukunft. Sie nahm sich ein paar Wochen Zeit zum Nachdenken und flog im Juni 2003 allein nach Costa Rica, um in Ruhe zu meditieren. Sie wusste, dass Felipe sie liebte. Und sie war sich sicher, dass sie seine Gefühle erwiderte. Aber sie wusste auch, dass sie eine Frau mit Vergangenheit war und dass eine solche als Ehefrau des Kronprinzen nicht in Frage kam.

»Kein Mann darf später einmal behaupten, er habe mit der Königin von Spanien geschlafen!« Es hatte zwar nicht viele Männer in Letizias Leben gegeben, aber sie konnte und wollte sie auch nicht verleugnen. Schließlich hatte sie einen von ihnen sogar geheiratet: Alonso Guerrero.

Letizia erinnerte sich genau an die letzten Wochen des Jahres 1997, die aufwühlend und traurig für sie gewesen waren. Sie war immer näher mit ihren jüngeren Schwestern Erika und Thelma zusammengerückt, um einen »Krisenstab« zu bilden, wie sie es nannten. Es ging dabei um ihre Eltern, die sich auseinander gelebt hatten. Alle Versuche der Schwestern, die Ehe zu retten, schlugen fehl. Anfang Dezember ließen sich Jesus und Paloma Ortiz scheiden. Es war kein anderer Partner im Spiel gewesen, doch die Liebe hatte sich im Laufe der Jahre aus ihren Herzen geschlichen. Jesus Ortiz war damals 53, Paloma 51 Jahre alt. Sie hatten vermeiden wollen, dass sie sich eines Tages vielleicht hassten, und wollten keinesfalls einen lang anhaltenden Rosenkrieg führen. Unter dem Motto: Lieber ein Ende mit Schrecken als ein Schrecken ohne Ende, ging ihre Ehe zu Ende.

»Es wurde mein traurigstes Weihnachtsfest«, sagte Letizia später. Den Heiligen Abend verbrachte sie mit den Schwestern bei der Mutter, Silvester feierten sie mit dem Vater.

Letizia hatte sich einsam und verlassen gefühlt. Ihr Elternhaus war ihr immer ein Vorbild gewesen. Nie hatte es lauten Streit gegeben. Immer hatte sie nach Hause kommen können, wenn Sorgen sie drückten, und jetzt war dieser Quell der Sicherheit verloren. Letizia war kurz davor, depressiv zu werden.

In ihrer Verzweiflung rief sie ihren Jugendschwarm an: Alonso Guerrero. Er war einst ihr Fremdsprachenlehrer in der Madrider Schule Ramiro de Maeztu gewesen, war hauptberuflich aber Schriftsteller. Letizia hatte natürlich alle seine Werke gelesen, geradezu verschlungen. Von Liebe war darin die Rede, von Eifersucht und Träumen. Eben von den ganz normalen zwischenmenschlichen Beziehungen.

Alonso war mehr als zehn Jahre älter als Letizia und ein guter Zuhörer. Sie traf sich mit ihm und schüttete ihm ihr Herz aus, denn in seiner Gegenwart fühlte sie sich geborgen. Letizia blühte in Alonsos Nähe wieder auf und liebte seine Wärme und Zärtlichkeit. Sie empfand tiefe Zuneigung für den Mann, der ihr aus einer schweren Lebenskrise geholfen hatte, und darum nahm sie seinen Heiratsantrag an. Die standesamtliche Hochzeit fand im kleinen Familienkreis am 7. August 1998 in Almendralejo statt; eine kirchliche sollte es, darin war sich das Paar einig, nicht geben. Die junge Ehefrau nannte sich beruflich weiterhin Letizia Ortiz. Privat war sie Señora Guerrero – was auf deutsch so viel heißt wie Frau Krieger.

Die Ehe stand unter keinem guten Stern. Sie funktionierte nicht, weil Letizia wie auch Alonso sich unter dem gemeinsamen Leben etwas anderes vorgestellt hatten. Was das konkret gewesen wäre, ist bis zum heutigen Tag ihr Geheimnis geblieben. Vielleicht war es der Altersunterschied. Vielleicht waren es aber auch die vielen Flirts, die Alonso nicht lassen konnte. Ihre Verbindung ging langsam, aber sicher in die Brüche. Ein gutes Jahr später, im September 1999, wurde die Ehe bereits wieder geschieden. Sie gingen als Freunde auseinander. Letizia sagte damals nur: »Es war ein Fehler, dass ich mich in diese Ehe geflüchtet hatte.«

Letizia und Alonso verarbeiteten die Trennung auf unterschiedliche Weise. Sie vergrub sich mehr denn je in ihre Arbeit beim Fernsehen. Er schrieb Tag und Nacht an einem Buch mit dem Titel »El hombre abreviado« (etwa: »Der verkürzte Mann«). Der Roman handelt von einem alternden Schriftsteller, dem eine Scheidung von seiner jungen Frau bevorsteht …

Alonso Guerrero ist heute wieder verheiratet. Mit seiner Frau Maria del Carmen Astero und deren vierjährigem Sohn Jaime lebt er in einer kleinen Wohnung in Guadalajara, 30 Kilometer von Madrid entfernt.

Als der spanische Königshof die Verlobung von Prinz Felipe und Letizia Ortiz bekannt gab, wurde Alonso Guerrero nachdenklich. Auf die Frage, was er von der bevorstehenden Hochzeit seiner Ex-Frau mit dem Thronfolger hielte, antwortete er: »Das Einzige, was ich sagen möchte, ist, dass ich den beiden sehr viel Glück wünsche.«

Er betonte, dass er sich die Live-Reportage von der Verlobung im Fernsehen nicht angesehen hatte: »Ich halte mich aus dieser Geschichte heraus. Normalerweise sehe ich ausschließlich die Abendnachrichten oder speziell ausgewählte Programme, die mich interessieren. In diesen Tagen nicht einmal das. Ich habe den Fernseher nicht ein einziges Mal eingeschaltet.«

Alonso Guerrero, der sich selbst als »Lehrer, Schriftsteller und Geschichtenerzähler« bezeichnet, hatte am Tag der königlichen Verlobung unterrichtet. Um 12:30 Uhr, als Prinz Felipe und Letizia Ortiz vor dem Zarzuela-Palast Hand in Hand vor die Kameras traten, gab er Literaturunterricht. Die Schüler hatten sich mit einem spanischen Klassiker aus dem Mittelalter, dem »Libro de buen amor« (»Buch von rechter Liebe«) von Arcipreste de Hita beschäftigen sollen, aber viel mehr beschäftigte sie natürlich die Liebe, die ihren Lehrer einmal mit Letizia verbunden hatte.

Alonso berichtete: »Ich war erschüttert, weil meine Schüler nur Witze rissen und es kaum erwarten konnten, am Abend zu Hause alles über die Verlobung in den Nachrichten zu erfahren. Ich konnte nichts dagegen tun. Aber ich habe die Mädchen und Jungs gewarnt, dass sie bloß nicht alles glauben sollten, was in den nächsten Wochen in der Klatschpresse stehen würde.«

Alonso war von seinen Nachbarn, die er für Freunde hielt, bitter enttäuscht. Sie fotografierten ihn heimlich, wie er seine Wohnung verließ, und boten die Bilder verschiedenen Presseagenturen an. Dennoch wollte er »die ganze Sache durchstehen« und nicht vor dem Medienrummel flüchten, obwohl Verwandte ihm schon ein Versteck angeboten hatten.

»Die Sache raubt mir nicht den Schlaf«, beteuerte er. »Darum brauche ich mich auch nicht zu verstecken. Ich werde niemals in meinem Leben etwas über diese Sache schreiben. Ich schreibe nur über etwas, worauf ich Lust habe. Und dies hier inspiriert mich nicht.« Nicht ein einziges Mal hat Alonso in der Öffentlichkeit den Namen seiner Exfrau Letizia ausgesprochen. Wenn er »von der Sache« rede, wisse sowieso jeder, was gemeint sei.

Mit spanischen Reportern, die jede Kleinigkeit über Letizias Vergangenheit herausfinden wollten, mochte Alonso nicht einmal am Telefon sprechen. Es ärgerte ihn aber, wenn etwas Falsches über ihn veröffentlicht wurde. Beispielsweise stand einmal in einer Tageszeitung, Alonso sei in eine tiefe Depression gefallen, als Letizia ihn verlassen hatte.

»Das ist absoluter Quatsch«, hatte er erregt das betreffende Blatt wissen lassen. »Das soll mir erst mal einer beweisen. Nur ich allein weiß es, und ich behalte es für mich.«

Letizia Ortiz kann jedenfalls sicher sein, dass Alonso Guerrero niemals Geheimnisse ausplaudern oder gar an die Presse verkaufen wird. »Das verbietet mir meine Ehre als Spanier«, hatte er einmal in einem kurzen Interview verraten.

Vierundzwanzig Stunden vor der offiziellen Verlobungsankündigung hatte Letizia ihren Ex-Mann angerufen und ihn informiert. Niemand weiß, wie dieses Gespräch verlaufen ist, aber es ist bekannt, dass Alonso noch in derselben Nacht seine Eltern in Almendralejo kontaktierte. Sein Vater Juan Fransisco ist ein pensionierter Tagelöhner, seine Mutter Dolores eine einfache Hausfrau vom Land. Sie konnten gar nicht glauben, was sie da hörten: Ihre ehemalige Schwiegertochter würde den zukünftigen König von Spanien heiraten! Alonso beruhigte seine Eltern, und als der erste Schock

Hinter fest verschlossenen Türen lagern die Dokumente aus Letizias Vergangenheit

überwunden war, warnte er sie davor, dass wohl bald eine ganze Pressemeute in ihr Haus einfallen würde, um Fotos von ihm und Letizia zu ergattern. Vor allem auf ein Hochzeitsfoto seien die Reporter scharf.

Alonsos Eltern versprachen, alles sofort hinter Schloss und Riegel zu bringen. Sie hielten Wort, und so ist es wenig verwunderlich, dass bestimmte Presseagenturen heute noch bereit sind, 80 000 Euro für ein einziges Hochzeitsfoto von Letizia und Alonso zu zahlen. Und wenn jemand alle Hochzeitsfotos (es soll sieben geben) und ein dazugehörendes Video anbieten sollte, liegt das »Gebot« sogar bei 750 000 Euro. Vielleicht gibt es Menschen, die bei solchen Summen in Versuchung geraten könnten – Alonsos Eltern gehören jedenfalls nicht dazu. Und Letizia bleibt nur die Hoffnung, dass es auch auf anderem Wege niemandem gelingen wird, an das begehrte Material zu kommen.

Der Bürgermeister des kleinen Ortes Almendralejo, in dem Letizia und Alonso 1998 geheiratet hatten, hat die Heiratsdokumente nach eigener Aussage »vergraben«, damit sie niemand findet. Wahrscheinlich befinden sie sich in dem Panzerschrank, in dem auch die Scheidungspapiere von Letizia und Alonso liegen. Diese Vorsichtsmaßnahme war Richterin Imaculada López Candela zu verdanken, denn sie hatte ihrem Vorgesetzten in Madrid gemeldet: »Wir haben hier ein Staatsproblem! Wohin mit den Papieren?«

Die Justizverwaltung von Madrid hatte prompt reagiert und einen Safe mit Zahlenkombination beschaffen lassen. Wenige Tage nach der königlichen Verlobung hatte ein Gericht nahe der Hauptstadt prompt einen 600 Kilogramm schweren Tresor erhalten, in dem »persönliche Dokumente von L.O.« liegen.

Was genau in dem Panzerschrank ruht, wird jedoch gehütet wie ein Staatsgeheimnis. Es wird gemunkelt, dass sich darin auch jene sieben Hochzeitsfotos und das

Hochzeitsvideo von Letizia und Alonso befinden, hinter dem die Klatschpresse so her ist. Wenn dem so sein sollte, bleibt immer noch die Frage offen, ob die Überbringer dieser Dokumente Geld dafür verlangt und es – als eine Art Entschädigung – auch bekommen haben. Von offizieller Seite herrscht hierüber eisiges Schweigen auf der ganzen Linie. Dokumente und Fotos aus Letizias privater Vergangenheit werden wohl für immer ein Geheimnis bleiben.

Ganz im Gegensatz zu Prinz Felipes amourösem Vorleben, in dem man blättern und lesen kann wie in einem offenen Buch. Ob der spanische Thronfolger auf seine Liebschaften stolz sein kann oder will, steht allerdings auf einem anderen Blatt.
Nach der Ankündigung der königlichen Verlobung und der Offenbarung, dass Letizia geschieden war, gingen die Frauenverbände in Madrid sozusagen vorbeugend auf die Barrikaden. Sie stellten sich vor Letizia, um den veralteten und verkalkten Vorstellungen traditionalistischer Kreise den Wind aus den Segeln zu nehmen.
»Letizia bringt einen modernen Touch in die spanische Monarchie«, riefen sie. »Sie ist zum Glück wie die meisten jungen Frauen in unserem 21. Jahrhundert. Sie soll die Gelegenheit beim Schopf packen und die Fenster weit öffnen, damit der mittelalterliche Mief aus den Palästen verschwindet.«
Die Frauenrechtlerinnen fügten hinzu, dass sie sich nie eine Heilige als zukünftige Königin gewünscht hatten. Sondern eine Frau wie Letizia. Hoch lebe die Gleichberechtigung!
Eigentlich hatten die aufgebrachten Damen ganz im Sinne von Prinz Felipe demonstriert. Aber sie hatten sich natürlich einen kleinen Seitenhieb für ihn aufgehoben: »Wenn unser Prinz Liebschaften hatte, rief die

Männerwelt, er müsse sich schließlich die Hörner abstoßen. Wir Frauen aber sollen unschuldig in die Ehe gehen! Nein, das ist nicht mehr zeitgemäß!«

Auch über Juan Carlos' berühmten Satz wurde diskutiert, den er in Bezug auf seinen Sohn einmal hatte verlauten lassen: »Kein Mann darf später einmal sagen, er habe mit der Königin von Spanien geschlafen.«

Die Demonstrantinnen drehten den Spieß um und fragten süffisant: »Wie viele Frauen können *jetzt* schon sagen, dass sie mit dem König von Spanien geschlafen haben?«

Dem Königshof hatte dieses Spektakel überhaupt nicht gefallen. Vor allem Königin Sofia soll außer sich vor Wut und Empörung gewesen sein. Aber wie bei allen Privatangelegenheiten hatte sie sich öffentlich nicht geäußert. Dies ist ein Faktum, das die Bevölkerung Spaniens mitunter befremdet: Sofia ist seit 42 Jahren mit Juan Carlos verheiratet, aber die Spanier wissen kaum, was für ein Mensch ihre Königin eigentlich ist. Professionell erledigt sie ihre repräsentativen Pflichten. Ansonsten verbirgt sie sich hinter einem imaginären Schleier, den sie nicht lüften will. Sie gibt keine Interviews. Man weiß nur, dass sie es sich als Verdienst anrechnet, dass das spanische Königshaus keine Skandale und Affären kennt.

Man weiß auch, dass es genau dieser Umstand ist, der es ihrem Sohn Prinz Felipe so schwer gemacht hat, die richtige Frau zu finden. Eine Frau, die seiner Mutter gefallen würde. Felipe hat lange darunter gelitten, und erst mit den Jahren konnte er sich von dem Gedanken lösen, eine Frau finden zu müssen, die eine perfekte Schwiegertochter ganz nach Mamas Vorstellungen wäre.

Und was die Sache ebenfalls nicht leichter machte: Der Prinz wusste natürlich nie so recht, ob die Mädchen in *ihn* verliebt waren oder in seinen Status und die Vor-

links:
Königin Sofia und Kronprinz Felipe – auf der Suche nach der idealen Braut

Prinzessin Tatjana von und zu Liechtenstein, deren Gefühle für Kronprinz Felipe unerwidert blieben

stellung, an seiner Seite einmal Königin von Spanien zu werden. Ein Problem übrigens, das all den jungen Thronfolgern Europas nicht unbekannt ist.

Prinz Felipes erste große Liebe war Victoria Carvajal y Hoyos gewesen, Tochter der Marquise von Isasi. Er war gerade 20 Jahre alt, sie 16 Jahre jung, als sie sich auf der Insel Mallorca kennen lernten. Auf der Urlaubsinsel, die auch bei Spaniern äußerst beliebt ist, besitzen König Juan Carlos und Königin Sofia die Sommerresidenz »Marivent« – ein schönes kleines Schloss, das oberhalb der Inselhauptstadt Palma de Mallorca erbaut wurde. Victorias Eltern hatten für den Sommer eine Finca gemietet, wo Felipe stets willkommen war. Der Kronprinz traute sich jedoch nicht, das Mädchen mit nach Hause zu bringen, und so blieb es zwischen Felipe und Victoria bei einer zarten Sommerliebe.
Königin Sofia hätte zunächst wahrscheinlich gar nichts gegen Victoria gehabt, denn deren Mutter ist eine Nichte der Herzogin von Alba und gehört damit zum besten spanischen Adel. Jahre später hat Königin Sofia allerdings von der Romanze erfahren und war heilfroh, dass nicht mehr daraus entstanden war. Nicht, weil Victoria Carvajal y Hoyos zu jung gewesen wäre, nein, sondern weil sie sich mit der Absicht trug, eine Ausbildung zu beginnen, die in den Augen mancher Hofschranzen als »erschreckend« galt: Sie wollte Journalistin werden! Aus heutiger Sicht lässt die Begebenheit an Ironie nichts zu wünschen übrig – ein Sieg für alle, die an die wahre Liebe und das Glück für Felipe und Letizia glauben.

Auf Victoria folgten einige Romanzen, die aber von Felipes Seite nicht besonders ernst gemeint waren. Lediglich die internationale Klatschpresse ließ es sich nicht nehmen, sie hochzuspielen.
Kronprinz Felipe flirtete z.B. mit Prinzessin Tatjana von

und zu Liechtenstein, der einzigen Tochter des Fürstenpaares Hans-Adam und Marie. In der Tat trafen sich Felipe und Tatjana ab und zu, weil die junge Frau in Madrid Spanisch lernen sollte. Königin Sofia lud sie gelegentlich sogar in den Zarzuela-Palast ein; allerdings weiß niemand, ob sie dies mit einem Hintergedanken tat. Vielleicht waren es auch nur höfliche Gesten, weil das Fürstenpaar von und zu Liechtenstein darum gebeten hatte. Tatjana hatte sich zwar in den Prinzen verliebt, wie es hieß, aber Felipe zeigte absolut kein Interesse.

Eine Schwiegertochter nach dem Herzen von König Juan Carlos wäre Herzogin Fleur von Württemberg gewesen, deren Patenonkel der König ist. Herzogin Fleur ist katholisch und aus allerbester Familie. Ihr Vater, Herzog Carl von Württemberg, hatte Herzogin Diane geheiratet, eine gebürtige Prinzessin von Frankreich. Fleur und Felipe gingen zusammen zum Segeln und

Gräfin Fleur von Goess (geb. Herzogin von Württemberg) am Arm ihres Patenonkels Juan Carlos von Spanien

Über achtzehn Monate hielt die Beziehung Felipes zu der aparten Isabel Sartorius

zum Reiten, doch als die spanische Presse ein Liebespaar aus den beiden jungen Leuten machen wollte, hatte Prinz Felipe sich das verbeten. Weil die beiden Familien eng miteinander befreundet sind, kenne er die deutsche Herzogin schon seit seiner Kindheit, und sie sei wie eine Schwester für ihn.

Ende der 80er Jahre trat dann eine Frau in Felipes Leben, in die er sich über beide Ohren verliebte. Sie hieß Isabel Sartorius und kam aus einem Adelsgeschlecht. Über achtzehn Monate lang waren sie und der Kronprinz unzertrennlich. Königin Sofia kannte Isabel nicht persönlich, ließ aber sicherheitshalber schon einmal Erkundigungen einziehen. Eine Liaison, die bereits achtzehn Monate hielt, kam ihr nicht ganz geheuer vor. Und die Königin entdeckte denn auch einen Fleck auf Isabels ansonsten strahlend weißer Weste: Ihre Eltern waren geschieden. Vater Marquis de Mariño hatte während Felipes Freundschaft mit Isabel zum zweiten Mal geheiratet, und zwar Prinzessin Nora von und zu Liechtenstein, die Schwester des Fürsten Hans-Adam und Tante von Prinzessin Tatjana, an der Felipe kein Interesse gezeigt hatte. Damals war es in Königin Sofias Augen schon ein Verstoß gegen die Etikette, wenn die Eltern der Frau, die Felipe heiraten wollte, geschieden waren. Diese Einstellung dürfte sich mittlerweile in vielen Königshäusern geändert haben – notgedrungen.
Offiziell beendete Prinz Felipe damals auf Geheiß seiner Eltern seine Liaison mit Isabel Sartorius. Aber er hatte sie noch »lange Zeit«, wie es hieß, heimlich getroffen. Wie lange genau, ist heute im Nebel der Vergangenheit verschwunden. Niemand hatte die beiden mehr in der Öffentlichkeit zusammen gesehen, geschweige denn fotografiert. Selbst hartgesottene Paparazzi gaben schließlich auf und verfolgten »die Spur Isabel« nicht weiter. Die Beziehung schien tatsächlich beendet zu sein.

Auf Geheiß seiner Eltern von Kronprinz Felipe verlassen: Isabel Sartorius

Doch dann horchte die Presse wieder auf, als Isabel Sartorius Ende 1996 schwanger war. Ihre Lebensumstände wirkten zu dieser Zeit mysteriös. Als sie bereits im fünften Monat war, heiratete sie in England standesamtlich den Spanier Javier Soto Fitz-James Stuart. Das Baby, eine Tochter, kam am 27. Juni 1997 in Madrid zur Welt. Isabel wurde fotografiert, als sie allein, mit traurigem Gesicht und ihrem Baby im Arm, das Kran-

Eine kurze Leidenschaft verband Kronprinz Felipe und Prinzessin Maria Carolina de Bourbon y Parma

kenhaus verließ. Von Ehemann Javier keine Spur. Das kleine Mädchen erhielt den Namen Mencia, wurde aber erst nach vier Monaten ins Zivilregister eingetragen. Wenig später tauchten erstmals Scheidungsgerüchte auf, und Isabels Ehemann Javier ward nicht mehr gesehen … Man hat nie erfahren, ob er wirklich der leibliche Vater der kleinen Mencia ist oder ob Isabel das Kind eines anderen ausgetragen hatte – das Kind eines Mannes, dessen Eltern die Macht besaßen, einen Skandal von weitreichenden Folgen für die spanische Monarchie mit allen Mitteln zu verhindern.

Prinz Felipe vergnügte sich unterdessen mit einer Reihe bezaubernder Damen, wie zum Beispiel mit der Contessa Esmeralda Iacobella Macioti, einer reizenden Nichte der in Italien geborenen Königin Paola von Belgien. Des weiteren mit Maria Leon, einem wunderschönen spanischen Model aus Sevilla. Mit Gabriela Sebastián de Erice, der rassigen Tochter des damaligen spanischen Botschafters in Deutschland. Mit Flor Pérez Jimenez, der süßen Enkelin des venezolanischen Diktators, der damals in Madrid im Exil lebte.
Ernsthaft aufgemerkt hatten die Spanier dann, als sich Prinz Felipe heftig, aber leider nur für ein paar Wochen, in Prinzessin Maria Carolina de Bourbon y Parma verliebte! Sie war so alt wie er, katholisch, blond, grünäugig, schlank und hoch gewachsen. Sie wäre als zukünftige Königin neben Felipe auf dem Thron von Spanien absolut ideal gewesen, darüber waren sich alle Experten am Hof einig. Und auch Königin Sofia soll schon ganz nervös vor Freude gewesen sein. Interessanterweise störte es sie diesmal offensichtlich nicht, dass Maria Carolinas Eltern geschieden waren. Ihr Vater ist nämlich kein Geringerer als Prinz Carlos Hugo de Bourbon y Parma, Chef des Carlistenhauses Spaniens und damit

Oberhaupt des abtrünnigen dynastischen Zweiges der spanischen Monarchenfamilie, der einst die Krone für sich beanspruchen wollte.
Mit einer Hochzeit hätte man nach fast 200 Jahren Zwist Frieden schaffen können.
Maria Carolinas Mutter ist übrigens Prinzessin Irene der Niederlande, Tochter der ehemaligen Königin Juliana und Schwester der heutigen Königin Beatrix. Viele Spanier hörten damals schon die Hochzeitsglocken läuten.
Aber das Schicksal hatte die Karten anders gemischt. Ihre Gefühle, so erkannten Felipe und Maria Carolina, reichten nicht aus für ein ganzes Leben. Und beide hatten sich aber geschworen, eines Tages nur aus Liebe zu heiraten.
Es wird erzählt, dass Königin Sofia seinerzeit zahlreiche »Rettungsversuche« gestartet hat, bis Felipe sie schließlich mit den Worten bremste: »Mama, ich liebe sie nicht, mehr gibt es nicht zu sagen.«
Nach verbürgten Erzählungen aus dem Zarzuela-Palast soll Königin Sofia in diesem Augenblick mit dem Knöchel ihres rechten Mittelfingers auf die Tischplatte geklopft haben. Der Ausdruck ihres höchsten Entsetzens. Felipe habe aber nur mit den Schultern gezuckt. Noch heute verbindet ihn mit Prinzessin Maria Carolina eine herzliche Freundschaft.

Während eines privaten Amerikabesuchs bei seinem Cousin Kronprinz Paul von Griechenland hatte Prinz Felipe in Manhattan das New Yorker Fotomodell Gigi Howard kennen gelernt, das Letizia Ortiz übrigens verblüffend ähnlich sieht. Zwischen ihnen hatte es gewaltig geknistert, und sie genossen ihre gegenseitige Anziehung in vollen Zügen. Es gab mehrfach Treffen in der Karibik, und der Kronprinz hatte Gigi Howard sogar nach Madrid eingeladen und bei Freunden unterge-

Das bildhübsche Fotomodell Gigi Howard trennte sich von Kronprinz Felipe, als der Druck der Medien zu groß wurde

bracht. Die Verbindung ging aber in die Brüche, als die spanische Presse Wind von der Affäre bekam. Auf Schritt und Tritt war Gigi Howard verfolgt worden, Paparazzi aller Länder machten Jagd auf sie. Der spanische Reporter Carlos Hugo Arriazu ließ gegen Schmiergeld sogar Gigis Telefon in New York anzapfen, um Gespräche zwischen den Liebenden abhören zu können. Die Polizei kam ihm auf die Schliche, und ein amerikanisches Gericht verurteilte ihn zu einer monatelangen Haftstrafe.

Von diesem Zeitpunkt an hatte die junge Frau den Me-

diendruck nicht länger ertragen können und sich von Felipe getrennt. Es heißt, er habe das zutiefst bedauert und ihr weiter Liebesbriefe geschrieben, die sie aber nicht mehr beantwortet hatte.
Wieder war Prinz Felipe solo und wollte in den nächsten Monaten von Frauen nichts mehr wissen. Warum musste das mit der Liebe auch so verdammt kompliziert sein! Die Mädchen, die er wollte, waren nicht »gut genug« für die spanische Hofetikette, an die seine Mutter ihn ständig erinnerte. Und die Mädchen, die für die spanische Hofetikette ideal gewesen wären, wie Prinzessin Maria Carolina de Bourbon y Parma, hatte er nicht gewollt.

Felipe beschloss, sich eine »Auszeit der Gefühle« zu nehmen. Aber das war für einen jungen Mann im Alter von dreißig Jahren nur schwer möglich. Plötzlich begann es ihn zu interessieren, wie viele Liebesbriefe er pro Woche in den Palast geschickt bekam.
»Das ist fast immer gleich, Königliche Hoheit«, sagte sein Sekretär. »Zwischen 350 und 400.«
Felipe nickte. Er wusste, dass die Mädchen, die ihm glühende Zeilen geschrieben hatten, als Antwort nur ein Foto von ihm bekommen würden. Ohne Unterschrift. Denn der Kronprinz von Spanien darf keine Autogramme geben. Waren diese Mädchen »da draußen« deswegen enttäuscht? Was erwarteten sie sich? Der Kronprinz zwang sich, diesen Gedanken nicht weiter nachzugehen, und nahm im Sommer 1998 dankbar eine Einladung seines Freundes Kronprinz Haakon von Norwegen an. Dieser gab am 20. Juli ein Fest zu seinem 25. Geburtstag. Lauter junge Leute waren eingeladen, die einfach nur ungezwungen feiern wollten. Unter ihnen auch das norwegische Model Eva Sannum.

Felipe sah Eva – und die »Auszeit der Gefühle« war von einer Sekunde auf die andere beendet. Die beiden verliebten sich Hals über Kopf ineinander und genossen ihre brodelnde Leidenschaft, der sich diesmal niemand in den Weg stellen sollte. Behauptete Felipe. Tatsächlich ging die Romanze auch über ein Jahr lang gut, das heißt, die Öffentlichkeit bekam nichts von der Liaison mit. Aber das Liebesglück wurde auf harte Proben gestellt. Die Treffen der beiden, die in den ersten Monaten nur in Norwegen stattfanden, glichen Szenen aus einem Agentenfilm: Wochenenden in dem preiswerten Touristenhotel »Comfort« in Oslo, Mittagessen im halb leeren Ausflugslokal »Frognerseteren« auf dem Holmenkollen, Fahrten über einsame Nebenstraßen kreuz und quer durch die Provinz in einem geliehenen Volvo-Kombi.

Die Devise lautete: nur nicht auffallen, bei allen Vorhaben äußerste Diskretion. Nicht einmal bei norwegischen Freunden von Kronprinz Haakon wollte sich das Paar treffen, und schon gar nicht bei Freunden von Eva Sannum. So flogen sie heimlich für ein paar Tage nach Tunesien. Er startete von Madrid aus, sie von Oslo. Es folgten Reisen inkognito nach Florida, Großbritannien, Italien und Indien. Überall war es besser als zu Hause oder in der gewohnten Umgebung.

Als Felipe sich schließlich sicher fühlte, weil bisher alles so gut gegangen war, lud er Eva Mitte der 90er Jahre nach Spanien ein – und bekam sofort die Quittung: Im Jachthafen von Palma de Mallorca wurden die beiden jungen Leute zum ersten Mal zusammen fotografiert.

Die Paparazzi waren geradezu ausgehungert, denn sie hatten Felipe jahrelang nur solo gesehen. Die Fotos vom Kronprinzen und seiner goldblonden Begleiterin gingen um die Welt. Es dauerte keine vierundzwanzig Stunden, da war die schöne Unbekannte identifiziert.

Das norwegische Model Eva Sannum war Felipes Favoritin, bis ihr Dessous-Fotos zum Verhängnis wurden

Norwegische Reporter kannten sie natürlich, und die Schlagzeilen in Oslo jubelten: »Felipe liebt Eva, unser Dessous-Model«.

»Felipe und die Unterwäsche-Königin!« – am nächsten Tag konnte jeder Spanier diese Meldung in seiner Tageszeitung lesen. Der Prinz hatte immer befürchtet, dass diese Bombe eines Tages platzen würde. Aber dass sie von heute auf morgen so viel zerstören würde, war für ihn zutiefst erschreckend.

»Was will diese Frau an der Seite unseres künftigen Königs?«, wurde in Leitartikeln gefragt. »Sie arbeitet als Dessous-Model für eine Webeagentur. Sie ist evangelisch. Sie ist Ausländerin. Ihre Eltern sind geschieden,

Vater: Autolackierer, Mutter: Hausfrau. So etwas akzeptiert das spanische Volk nicht als zukünftige Königin!«
Spontan wurden im ganzen Land Umfragen gemacht. Das niederschmetternde Ergebnis: 97 Prozent aller Spanier lehnten Eva Sannum entschieden ab.
José Louis de Villalonga, offizieller Biograf Seiner Majestät des Königs Juan Carlos I., sagte sogar: »Die Spanier wollen eine Adlige an Felipes Seite. Er muss lernen, dass es wichtigere Dinge im Leben gibt als die Liebe. Nur eine standesgemäße Braut sichert die Monarchie.«
Anfangs glaubten viele Spanier, hinter dieser Aussage von José Louis de Villalonga stecke die Meinung von König Juan Carlos. Aber dem wird nicht so gewesen sein, denn der Autor fuhr noch schwerere Geschütze auf, die dem Stil des Königs nicht entsprachen. Zu seinen messerscharfen Speerspitzen gehörte ein Artikel im Moralistenblatt *ABC* unter der Überschrift: »Die Pflichten eines Prinzen«. Er dozierte darin, dass es ein »schwerer Fehler« sei, dass Felipe diese Eva Sannum überhaupt in Betracht ziehe. Das bringe die Spanier hinunter »auf das Niveau der Engländer«. Da ziehe er notfalls die Republik vor. Das erspare ihm wenigstens, »einer falschen Königin« huldigen zu müssen.
Der in Spanien sehr populäre Kolumnist Jaime Peñafiel ergänzte die öffentliche Meinung ebenso deutlich: »Fräulein Sannum ist Ausländerin. Nicht so schlimm. Unsere heutige Königin Sofia stammt aus Griechenland. Aber Eva Sannum stammt aus einfachen Verhältnissen, hat kein Hochschuldiplom. Und sie verdient ihr Geld als Model für Kataloge und Modeheftchen. Sie hat in Slip und Büstenhalter posiert. Diese Vergangenheit wäre immer präsent. Wir wollen an Felipes Seite keine Königin, die die ganze Welt halb nackt gesehen hat. Nein, das geht nicht!«

König Juan Carlos von Spanien in seinem Büro mit Biograf José Luis de Villalonga

Aufgeschlossenere Landsleute waren entsetzt von solcher Ignoranz. »Machohaft und antiquiert«, wetterte Pedro J. Ramirez in einem Leitartikel der Zeitung »El Mundo«. Der Chefredakteur des regierungstreuen Blattes stand nicht eben im Verdacht ausufernder Freigeisterei – und fragte doch seine Leser, ob sich die Persönlichkeit einer Frau denn auf ihre Erscheinung reduzieren ließe und man alle hübschen Mädchen für dumm, frivol und ungebildet bezeichnen dürfe, ohne ein einziges Wort mit ihnen gewechselt zu haben.

Es herrschte eindeutig ein Sturm im Blätterwald!

Unterstützung kam auch vom spanischen Schriftsteller Juan Manuel de Prada. Er sagte öffentlich, Felipe solle sich ja nicht »von den dynastischen Schmeißfliegen« verbiegen lassen.

Das war wieder Wasser auf die Mühlen von Chefredakteur Ramirez. Er erinnerte daran, dass Felipe bei der Wahl seiner Ehefrau hauptsächlich seinen Vater König Juan Carlos überzeugen müsse, der laut Verfassung ein Mitspracherecht hat. Würde der König der Regierung »vorschlagen«, sein Sohn könne Eva Sannum heiraten, wäre alles in Ordnung. Das Parlament

Königin Sofia wacht streng über die Herzensangelegenheiten ihres Sohnes Felipe

würde wohl nur einschreiten, falls Norwegen in einen Krieg mit Spanien eintreten und Señorita Sannum als Spionin entlarven würde.

Dem stimmte Gustavo Villapalos, konservativer Stadtrat von Madrid und als ehemaliger Direktor der Universität Complutense an Felipes Bildung beteiligt, zu. Er äußerte sich zuversichtlich, dass der Prinz »eines Tages die richtige Wahl« treffen würde.

Villapalos sollte Recht behalten.

Königin Sofia hatte sich in diesen Wochen zum Thema Eva Sannum sehr zurückgehalten. Aber sie klopfte wieder einmal mit dem Mittelfinger ihrer rechten Hand auf den Tisch, als »eine liebe Freundin« ihr eine Plastiktüte zeigte. Eine Plastiktüte, von der es 1,2 Millionen Exemplare in Norwegen gab, da sie von der Parfümeriekette »Vita« an ihre Kunden verteilt wurde. Auf der Vorderseite und auf der Rückseite das gleiche Bild: Eva

Sannum als Bikinischönheit in aufreizender Pose. »Die Geliebte deines Sohnes auf Einkaufstüten!«, war der warnende Kommentar von Königin Sofias guter Freundin.

Wenige Tage später fand eine Unterredung zwischen Königin Sofia und Prinz Felipe im Zarzuela-Palast statt. Unter vier Augen. Den Anlass und den genauen Inhalt kennen nur Mutter und Sohn, die Auswirkungen sind jedoch allen Zeitzeugen bekannt.

Wiederum wenige Tage später gab Prinz Felipe in Madrid eine Pressekonferenz. Eigentlich sollte es dabei um Themen der Natur und Umwelt gehen. Aber als ein Reporter ihn überraschend nach Eva Sannum fragte, antwortete Felipe: »Die Beziehung ist gescheitert. Punkt und aus!«

Seriöse Journalisten, die mit dieser Frage und dieser Antwort nicht gerechnet hatten, schauten sich verblüfft an. Denn das Merkwürdige war: Die Beziehung zwischen Felipe und Eva Sannum hatte es offiziell nie gegeben. Die Einzelheiten der Pressekonferenz »Natur und Umwelt« wurden am nächsten Tag nur am Rande in den Zeitungen erwähnt. Alle schrieben in großen Lettern: »Felipe und Eva – es ist aus!«

Wenige Tage zuvor hatte Felipe seiner Eva am Telefon gesagt, dass er keine Chance für eine Heirat sähe. Der Druck der Medien und seiner Familie sei zu stark, und das könne auf Dauer keine Liebe überstehen.

»Aber es war doch Liebe?«, hatte Eva gefragt.

Felipe schwieg. Dieses Schweigen, diese Nicht-Antwort, wird später vielleicht zu der Geschichte gehören, die Eva Sannum ihren Kindern oder Enkeln erzählen kann, wenn sie Fotos von König Felipe von Spanien sehen …

Eva Sannum ist heute glücklich mit ihrem Freund Stig Bjolbakk, einem norwegischen Musiker. Als sie von Prinz Felipes Verlobung mit Letizia Ortiz hörte, sagte

Farbe bekennen: Kronprinz Felipe von Spanien bei einer Pressekonferenz in Madrid

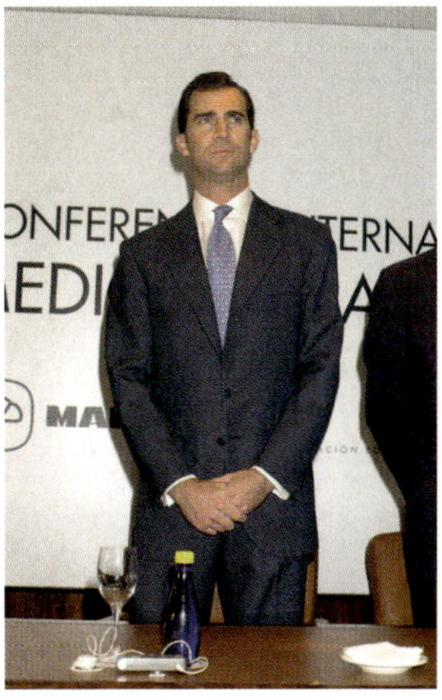

sie im Magazin »Tabloid« des Zweiten Norwegischen Fernsehens: »Ich wünsche den beiden viel Glück.«
Eva redet nicht gern über ihre Vergangenheit mit dem Prinzen, und sie erinnert sich nur ungern an die Umstände, von denen die jahrelange Romanze überschattet war: »Das Ganze grenzte an Paranoia. Die Heimlichtuerei war mitunter kaum zu ertragen. Die ganze Zeit schaust du dich um, ob irgendwo in den Büschen ein Paparazzo lauert. Du beschäftigst dich nur noch damit, was die Leute von dir halten. Du fühlst dich wie auf einer Bühne. Die Menschen kommentieren, wie du aussiehst und was du anhast. Du traust keinem mehr. In jedem parkenden Auto vor deiner Haustür vermutest du einen Reporter. Es ist eine schwierige Situation, in der man sich eigentlich nur schlecht fühlen kann. Und ich wusste nie, ob ich mich je in meinem Leben daran gewöhnen könnte. Heute fühle ich mich wohler und entspannter. Aber ich bin kritisch geworden gegenüber allem, was ich in irgendeiner Zeitung lese.«

Ende Juni 2003 kehrte Letizia Ortiz aus Costa Rica zurück. Voller Sehnsucht und Ungeduld hatte Felipe auf sie gewartet. Sie trafen sich in ihrer kleinen Wohnung, und der Prinz machte Letizia einen Heiratsantrag! »Es war alles sehr romantisch«, sagte Letizia später. »Mehr möchte ich nicht verraten. Das soll unser kleines großes Geheimnis bleiben.«
Letizia hatte den Heiratsantrag nicht sofort angenommen, sondern bat um Verständnis dafür, dass sie etwas Bedenkzeit brauchte. Im Juli 2003 flog sie nach Südspanien an die Costa Brava, im vollen Bewusstsein, dass es nun also ernst wurde. Zwei Wochen wollte Letizia bleiben, und mit zwei Handys hatte sie sich ausgerüstet: Ihr normales Telefon mit der Nummer, die ihre Familie, Freunde und Kollegen kannten, und ein zweites mit einer Nummer, die nur Felipe hatte. Am

Ein ganz normales Paar: Felipe und Letizia locker und ihrer Sache sicher

zweiten Tag klingelte dieses zweite Handy. Und bevor der Prinz ein einziges Wort sagen konnte, rief Letizia ins Telefon: »Ja, ja, ja!!! Ich möchte dich heiraten!« Ihre Bedenkzeit war zu Ende, denn sie hatte ihrem Herzen gelauscht.

Noch an demselben Abend flog Letizia nach Madrid zurück. Und die beiden Liebenden ließen ihren Gefühlen freien Lauf.

Ein aufregender Sommer stand ihnen jetzt bevor. Der

härteste Brocken: Prinz Felipe musste seinen königlichen Eltern das Mädchen vorstellen, das er unter allen anderen zu seiner Frau erwählt hatte. Was immer auch in den nächsten Wochen geschehen würde, Prinz Felipe war zum Äußersten bereit. Bis zum ersten Tag des Monats November 2003 wollte er eine offizielle Erklärung des Königshauses herbeigeführt haben, und er blieb in seiner Haltung unerbittlich: entweder die Verlobung mit Letizia Ortiz oder sein Thronverzicht aus Liebe.

Bis zum Stichtag, dem 31. Oktober 2003, bekam das ganze Szenarium nun ein Codewort: »Operation Schweigen«.

5
Die Verlobung

»So haben wir alle total überrascht«

5 Die Verlobung

Eigentlich wollte Prinz Felipe den Sommer 2003 wie jedes Jahr auf der Insel Mallorca verbringen, und zwar gemeinsam mit seiner Familie im Marivent-Palast. Aber in jenen heißen Monaten hatte man ihn in Palma so gut wie nie gesehen. Die meisten spanischen Fotografen waren schon ganz verzweifelt. Denn an neuen Bildern von Felipe, vielleicht noch mit einer unbekannten Schönen im Arm, sind Illustrierte auf der ganzen Welt natürlich immer interessiert. Der Rest der königlichen Familie, so behaupten die Fotografen der Regenbogenpresse, lasse sich weniger gut »verkaufen«.

Nur ein einziges Mal wurde Felipe in diesem Urlaub fotografiert, und zwar am Nachmittag des 3. August. Er überreichte die Preise des jährlichen Segelwettbewerbs »Copa del Rey«. Aber von einem Mädchen an seiner Seite war weit und breit nichts zu sehen, und in der Öffentlichkeit zeigte er sich nach diesem einzigen Termin ebenfalls nicht mehr. Die Spuren seines Verbleibens wurden von einem guten Dutzend Paparazzi verfolgt, doch ohne jeglichen Erfolg. Der Prinz war an keinem der ihnen bekannten Plätze, weder in den Bars noch in den Restaurants oder an den Stränden, wo man ihn in den Jahren zuvor zu sehen bekommen hatte.

Wo mochte er stecken? Felipe verließ morgens mit zwei Leibwächtern den Marivent-Palast – in wechselnden Autos mit getönten Scheiben – und kam erst gegen Abend zurück. Was niemand wusste: Freunde hatten ihm für zwei Wochen die kleine Jacht »Danae« zur Verfügung gestellt. Sie war an den über tausend Ankerplätzen im Hafen von Palma de Mallorca überhaupt nicht aufgefallen. Außerdem hätte niemand den Prinzen auf so einem unauffälligen Schiff auch nur vermutet. Und dass Letizia Ortiz bei ihm war, schon gar nicht. Es wusste ja niemand, dass der Thronfolger und die TV-Moderatorin sich überhaupt kannten. Die beiden

Der Marivent-Palast, das Urlaubsdomizil der spanischen Königsfamilie auf der schönen Balearen-Insel Mallorca

Verliebten ließen sich jeden Tag zur Insel Cabrera schippern, um dort vollkommen ungestört ihre Zweisamkeit zu genießen.

Rund elf Kilometer vor der Südspitze von Mallorca liegt ein verschlafener Archipel, der aus 18 Inseln und Inselchen besteht, wovon Cabrera die größte ist. Dörfer gibt es dort nicht, nur hin und wieder sieht man eine Hütte. Weil das Eiland 1991 als erste Insel Spaniens

Der Prinz ist ein begeisterter und sehr erfahrener Segler

zum Naturschutzgebiet erklärt worden ist, dürfen nur fünfzig Gäste pro Tag die Insel überhaupt betreten. Und diese brauchen eine abgestempelte Sondergenehmigung von der Naturschutzbehörde, die an der Plaza España No. 8 in Palma de Mallorca sitzt.

Prinz Felipe konnte sich diesen Weg natürlich ersparen. Ein einziger Anruf aus dem Marivent-Palast hatte genügt, und der Weg zu einem kleinen Paradies stand ihm offen.

In den Lagunen und Wäldern auf der »Ziegen-Insel«,

wie Cabrera wörtlich übersetzt heißt, ist die Welt noch ursprünglich. Man darf annehmen, dass Felipe und Letizia sich dort wie im siebten Himmel gefühlt haben. Das warme, kristallklare Wasser in den menschenleeren Buchten lädt nicht nur zum Baden ein, sondern auch zum Schnorcheln. Durch ein langjähriges Fangverbot, das die Unterwasserwelt schützt, kann man dort seltene bunte Fische bestaunen, die keinerlei Angst vor Tauchern haben. Und mit etwas Glück sind in der Abenddämmerung vom Strand aus sogar Delfine zu sehen, während sich tagsüber auf den Felsen faszinierende, grünbraun schimmernde Eidechsen sonnen. Auf den flachen Hügeln im Westen der Insel nisten viele Seevögel, die vom Aussterben bedroht sind und dort eine letzte Zuflucht gefunden haben. Seeadler und Wanderfalken erheben sich majestätisch in die Lüfte, Schmetterlinge leuchten in allen Farben um die Wette. Die milde Luft duftet geradezu berauschend nach Majoran und wildem Thymian.

Königin Sofia sagte über die kleine Insel einmal: »Auf Cabrera kommt alles der Vorstellung vom Garten Eden sehr nahe.«

In der winzigen Bucht Cala Gandulf liegt versteckt die Grotte Cava Blanca. Dort treffen sich mitunter verliebte Paare, die sich von den einzigartigen blauen Lichtspiegelungen verzaubern lassen wollen. Es heißt, wenn man sich hier um genau vier Uhr nachmittags mit geschlossenen Augen küsst und sich etwas wünscht, wird dieser Wunsch in Erfüllung gehen. Auch Felipe und Letizia werden zu jenen gehören, die das ausprobiert haben.

Der Prinz war total verliebt. Und Letizia ebenfalls. Das bezeugen all diejenigen, die den Beginn der Leidenschaft des Paares miterleben konnten. Letizia gab sich Felipe mit Zärtlichkeit und innigster Zuneigung hin; beide wussten, dass sie füreinander bestimmt waren. Aber sie

wussten auch, dass sie gegen Wind und Sturm würden ankämpfen müssen, um ihre Liebe zu verteidigen.
Neben Letizias bezaubernder Persönlichkeit faszinierte den Prinzen auch ihr Äußeres immer wieder neu: ihre scharf geschnittenen Gesichtszüge und ihre markante Nase, die auf eine nordspanische Abstammung schließen lässt, ganz zu schweigen von ihren vollen, sinnlichen Lippen und ihren faszinierenden Augen, deren Farbe ständig von grün zu graublau wechselt.

Mitte der zweiten Augustwoche flog Letizia zurück nach Madrid, weil die Pflicht sie rief. Felipe blieb noch ein paar Tage mit seiner Familie im Marivent-Palast auf Mallorca, sonderte sich aber immer wieder ab und zog das Alleinsein vor. Er wollte auch nicht mit seinem Vater auf den Tennisplatz gehen. Lieber spielte er im Palastgarten mit seinen kleinen Nichten und Neffen, den Kindern seiner Schwestern Prinzessin Elena und Prinzessin Cristina. Mehr als einmal hatte ihn Königin Sofia gefragt: »Ist etwas? Möchtest du mit mir reden?« Der Prinz hatte lächelnd geantwortet: »Nein, Mama, alles in bester Ordnung!«
Es heißt, die Königin habe ihm nicht geglaubt. Mütter kennen ihre Söhne und entwickeln feine Antennen für deren Gemütslagen, aber sie müssen auch wissen, wann sie sie zu einem Gespräch drängen dürfen und wann es besser ist, sich zurückzuhalten. Königin Sofia ist auch auf diesem Gebiet für ihre vornehme Zurückhaltung bekannt.
In der letzten Augustwoche beendete die Königsfamilie die Ferien und kehrte heim in den Zarzuela-Palast. Wie gewohnt flogen alle in getrennten Maschinen. Niemals würde König Juan Carlos mit seinem Sohn Kronprinz Felipe und seinen Töchtern Prinzessin Elena und Prinzessin Cristina gemeinsam in ein Flugzeug steigen. Denn die Kinder stehen an erster, zweiter und dritter

links:
Ein Blick sagt mehr als tausend Worte …

Stelle in der spanischen Thronfolge, und es wäre nicht auszudenken, was mit der spanischen Krone passierte, wenn es zu einem Absturz käme.

Noch am Abend der Rückkehr entschied Felipe, Nägel mit Köpfen zu machen. Er hatte sich nach dem Terminkalender seiner Eltern erkundigt und erfahren, dass sie am übernächsten Tag keine offiziellen Pflichten wahrzunehmen hatten. An diesem Tag sollte also die Stunde der Wahrheit kommen. Der Prinz wollte dem König und der Königin die Frau vorstellen, die er ohne Wenn und Aber heiraten wollte: Letizia Ortiz.

Juan Carlos und Sofia waren nicht überrascht von Felipes Anfrage. Sie hatten in den vergangenen Wochen durch das Verhalten ihres Sohnes sehr wohl damit gerechnet, dass er ihnen eines nicht mehr fernen Tages eine Frau präsentieren würde, für die er ihren Segen erhoffte. Aber musste es denn nun ausgerechnet die Nachrichtensprecherin von *TVE* sein? Bürgerlich und zudem auch noch geschieden?

Der König vermied jedoch ein Donnerwetter, und die Königin verzichtete auf eine Moralpredigt. Denn beide spürten, wie ernst es ihrem Sohn war. Sie erlaubten ihm, Letizia in den Zarzuela-Palast einzuladen.

»Dann zeig uns deine Herzdame«, sagte Juan Carlos und schaute seinem Sohn mit großen, wachen Augen direkt ins Gesicht. Felipes Nasenflügel bebten vor Erregung. Sofia zog es vor, sich zurückzuziehen. Aber sie gab ihrem Sohn noch einen Kuss auf die Wange. Auf dem Flur soll sie ein wenig indigniert gemurmelt haben: »Herzdame …«

Vater und Sohn sprachen noch eine halbe Stunde unter vier Augen miteinander.

Die erste Begegnung zwischen dem Königspaar, Felipe und Letizia fand denn an jenem letzten Freitag des Au-

Begegnung auf gleicher Augenhöhe: König Juan Carlos von Spanien und Thronfolger Kronprinz Felipe

gust 2003 im Großen Salon statt. Es herrschte eine freundliche, aber reservierte Stimmung. Alle Beteiligten bemühten sich um Zurückhaltung. Juan Carlos und sein Sohn tranken Mineralwasser. Sofia und Letizia entschieden sich für Kaffee, den die Königin selbst einschenkte.

»Milch oder Zucker?«, fragte sie mit einer leichten Handbewegung zum Silbertablett. Letizia lehnte höflich dankend ab. Sie bevorzugte schwarzen Kaffee. Wie Sofia.

Insider des Hofes sind sich ganz sicher, dass Juan Carlos und Sofia die bezaubernde Letizia sofort in ihr Herz geschlossen hätten, wenn … ja, wenn sie Señor Juan Carlos Lopez und Señora Sofia Lopez gewesen wären und ihr Sohn Señor Felipe ihnen Señorita Letizia als Schwiegertochter vorgestellt hätte, wie es in typischen spanischen Familien und überall in der Welt vorkommt.

Aber sie sind nun mal der König und die Königin von Spanien und haben andere Pflichten und Aufgaben als gewöhnliche Menschen. Und in dieses Schema passte keine Señorita Letizia Ortiz. Das machten sie ihrem

Keine ganz normale Familie: das Herrscherpaar und Kronprinz Felipe vor den vergoldeten Thronsesseln im Madrider Königspalast

Sohn nach Letizias Verabschiedung noch am selben Abend »mehr oder weniger deutlich« klar, wie man später erfuhr. Also nichts anderes als ein klares »Nein« in einer höflichen Verpackung. Prinz Felipe nahm die Ablehnung zur Kenntnis und bereitete sich auf den Kampf um seine Liebe vor.

Nachdem das Königspaar nun informiert war, ließ es sich nicht vermeiden, auch verschiedene Kreise am Hof einzuweihen, aber selbstverständlich nur solche Mitarbeiter, auf deren Diskretion man sich hundertprozentig verlassen konnte. Davon gibt es im Umfeld von König Juan Carlos und Königin Sofia etwa ein Dutzend. Alle spürten an der allgemeinen Anspannung, dass in der königlichen Familie etwas sehr Wichtiges vor sich ging.

Niemand konnte zu diesem Zeitpunkt richtig einschät-

zen, wie ernst es der Kronprinz meinte, wenn von »Verlobung mit Letizia oder Thronverzicht aus Liebe« die Rede war.
Aber mulmig war allen Beteiligten zumute, die von diesen ernsten Absichten hörten. Dem Königspaar erging es so, weil es sich mit dem Rücken an der Wand fühlte. Felipe, weil er wie mit einem Eisbrecher durch tief gefrorene Gewässer fahren musste, um die starre Hofetikette zu spalten. Und schließlich erging es auch Letizia so, weil sie sich wie eine Sünderin ohne Schuld fühlte. Hatte sie es doch gewagt, die Liebe des Thronfolgers zu erwidern!
Unabhängig von jeglicher Hierarchie musste jeder am spanischen Hof seine anstehenden Aufgaben in den nächsten Wochen so gut und unauffällig wie immer bewältigen, denn in der Öffentlichkeit herrschte absolute Ahnungslosigkeit darüber, was hinter den Kulissen brodelte.
Der König und die Königin absolvierten ihre ganz normalen Repräsentationspflichten und taten dies wie immer so präzise wie ein Schweizer Uhrwerk. Der Prinz eröffnete Ausstellungen, Kindergärten und besuchte Soldaten in Kasernen. Letizia moderierte jeden Abend gemeinsam mit ihrem Kollegen Alfredo Urdaci die Nachrichtensendung auf *TVE*.

Letizia Ortiz im Gespräch mit ihrem zukünftigen Schwiegervater König Juan Carlos von Spanien. Wird alles gut gehen?

Mehr denn je war absolute Diskretion geboten, und es war den guten Freunden von Felipe und Letizia sowie deren Villen, Häusern und Wohnungen rund um Madrid zu verdanken, dass sich das Paar dennoch sehen konnte. Alles war perfekt organisiert. Der Thronfolger und seine Herzdame trafen sich stets erst nach 22 Uhr, wenn es schon dunkel war. Wie heißt es doch so schön? Nachts sind alle Katzen grau. Und doch wäre Felipe eines Abends vor dem Haus eines Freundes fast erwischt worden. Zwei junge Mädchen

hatten beobachtet, wie er aus seinem Wagen stieg, gingen auf ihn zu und fragten: »Oh, sind Sie nicht Kronprinz Felipe?«
Er hatte geistesgegenwärtig den Kopf geschüttelt und lachend gesagt: »Nein, nein. Aber das ist mir schon ein paar Mal passiert. Offenbar habe ich viel Ähnlichkeit mit Felipe.« Das war noch einmal gut gegangen.

Mitte September bat Königin Sofia ihren Sohn um eine Unterredung. Sie schlug den 15. vor, einen ganz normalen Montag.
Doch der Prinz lehnte ab, obwohl für diesen Tag kein Termin in seinem Kalender stand, was die Königin selbstverständlich wusste.
»Ich habe eine private Verabredung«, sagte er, und als die Mama fragend die Augenbrauen hochzog, fügte Felipe offen hinzu: »Ich bin heute Abend mit Freunden bei Letizia Ortiz eingeladen. Sie feiert ihren 31. Geburtstag.«
Die Königin nickte, strich ihrem Sohn sanft über den Arm und ging in das Arbeitszimmer des Königs.

Letizias Geburtstagsparty fand im Haus von Freunden vor den Toren Madrids statt. Es war nur eine kleine Feier im engsten Kreis. Bei dieser Gelegenheit lernte der Prinz erstmals jemanden aus Letizias Verwandtschaft kennen, nämlich ihre Schwester Erika.
Dem Geburtstagskind brachte er keine Blumen mit, sondern eine kleine Schachtel. Ein Schmuckstück, dachten die anwesenden Gäste, doch als Letizia das kleine Präsent auspackte, funkelte ihr ein Autoschlüssel entgegen. Sie sah Felipe fragend an. Er nahm sie in den Arm und ging mit ihr ans Fenster. Vor der Tür stand ein nagelneuer dunkelblauer Audi A3 mit einer riesigen pinkfarbenen Schleife auf dem Dach. Letizia fiel Felipe um den Hals, und alle gingen lachend nach draußen,

Verliebtes Geplänkel im neuen Auto

um sich das »Schmuckstück« genauer anzusehen. Auf dem Fahrersitz lag eine wunderschöne rote Rose.
Knapp vier Wochen später, am 12. Oktober, war es dann Zeit für den ersten Skandal: Bekanntlich nahm Kronprinz Felipe zum ersten Mal nicht an den Festlichkeiten zum spanischen Nationalfeiertag teil. Er hatte seine Eltern kurz zuvor davon unterrichtet, dass er an diesem Tag in New York sein würde – bei Letizia Ortiz. Der König musste die Militärparade allein abnehmen, die wie jedes Jahr vom spanischen Fernsehen live übertragen wurde. Die Königin saß mit ihren Töchtern und den Schwiegersöhnen auf der Ehrentribüne und sah nicht besonders glücklich aus. Ihr war spätestens jetzt absolut klar geworden, wie ernst Felipe es mit Letizia meinte, und ihr schwirrte höchstwahrscheinlich »dieses schreckliche Datum« im Kopf herum – der 31. Oktober, der immer näher rückte und an dem der Kronprinz eine Entscheidung von seinen Eltern verlangen würde: entweder Letizia oder Thronverzicht!
Und tatsächlich: Nach der Rückkehr der beiden Verliebten aus New York lenkte Königin Sofia ein. Sie bat jetzt nicht mehr um eine Unterredung mit ihrem Sohn, sondern mit Letizia Ortiz. Felipe organisierte dieses

Letizia und ihre zukünftige Schwiegermutter im Gespräch von Frau zu Frau

Treffen so schnell wie möglich. Fast zwei Stunden unterhielten sich die Königin und Letizia unter vier Augen von Frau zu Frau.

Bis heute weiß niemand, was die beiden en detail besprochen haben, aber die Aufrichtigkeit, mit der Letizia der Königin begegnet ist, wird diese schließlich überzeugt haben. Denn noch an demselben Abend trafen sich Juan Carlos und Sofia mit Felipe und Letizia – und gaben ihren Segen!

Alle fielen sich in die Arme. Der Prinz sagte mit Tränen in den Augen: »Gracias, Mama. Gracias, Papa.« Dann küsste er seine Braut. Gemeinsam stießen sie mit rosafarbenem Champagner auf die Zukunft an.

»Was war das, was ihr da besprochen habt?«, fragte Felipe seine Mutter und Letizia. Die Königin legte den

Zeigefinger auf den Mund und zwinkerte Letizia zu. Diese tat das Gleiche, und alle mussten herzhaft lachen.

Letizia Ortiz moderierte danach noch drei Tage die Abendnachrichten auf *TVE*. Die Kollegen beglückwünschten sie zu ihrem tollen neuen Auto, das sie seit kurzem in der Tiefgarage des Senders parkte. Sie wunderten sich eigentlich nicht weiter, denn Letizia hatte erst kürzlich eine Gehaltserhöhung bekommen und verdiente etwa 6000 Euro im Monat. Aber auch sonst hatte sich die junge Frau irgendwie verändert. Das entging ihren Kolleginnen nicht.
»Du bist verliebt, gib es zu!«, bohrten sie immer wieder nach. »Ja, das ist richtig«, sagte Letizia. »Er ist ein wunderbarer Mann. Aber ich kann euch nicht sagen, wer es ist.«
Nun prasselte eine wahre Flut von Fragen auf Letizia ein. Was dieser mysteriöse Unbekannte denn beruflich mache, wie er aussehe und wie alt er sei; alles, aber auch alles wollten sie wissen.
Letizia sagte: »Er besitzt Hunde, die er aber nicht selber ausführt.«
Die Kolleginnen griffen sich grinsend an den Kopf und neckten sie: »Was ist das für eine Antwort? Du bist doch völlig durchgeknallt! Muss Liebe schööööön sein!«
Das konnte Letizia aus vollem Herzen bestätigen.

Am 27. Oktober 2003 löste Letizia ihre kleine Wohnung auf und zog in einen Gästeflügel des Zarzuela-Palastes. Königin Sofia hatte persönlich dafür gesorgt, dass es ihr dort an nichts fehlen würde. Kurz nach der Ankunft und einem kleinen Mittagessen wollte sich Letizia zurückziehen, um ihre Koffer auszupacken. Aber wie von Zauberhand hatten das schon Angestellte des Palastes getan.

Letizia Ortiz strahlt – und schweigt

»Das ist ja praktisch«, sagte sie zu Felipe, der nur schmunzelte, weil er es sein Leben lang gewohnt war, diskret umsorgt und bedient zu werden.
Am Tag darauf fuhr Letizia Ortiz noch einmal zum Sender, um ihre Kündigung persönlich abzugeben. Ihre Kollegen verstanden die Welt nicht mehr. Hatte sie ein gutes Angebot von einer anderen Fernsehstation bekommen? War sie denn nicht mehr zufrieden bei *TVE*? Was war nur geschehen?
»Das werdet ihr bald erfahren«, sagte Letizia geheimnisvoll lächelnd. Doch alle zuckten nur mit den Schultern und sahen sich kopfschüttelnd an.
»Sie parkt vor der Eingangshalle«, sagte eine Kollegin, die am Fenster stand, und winkte die anderen herbei.
»Tatsächlich! Und schaut mal, schaut! Ein Mann hält ihr die Wagentür auf. Wieso steigt sie hinten ein? Und da, ein schwarzes Auto fährt hinter ihrem Audi her. Was hat das denn zu bedeuten?«
Die Kollegen konnten sich offensichtlich keinen Reim auf Letizias Verhalten machen, und sie konnten ja auch nicht ahnen, dass Letizias Auto von einem Chauffeur gesteuert wurde. In dem zweiten Wagen saßen natürlich Leibwächter, ohne die sie jetzt in der Öffentlichkeit keinen Schritt mehr tun durfte.

Am 28. Oktober 2003 lieferte das berühmte spanische Modehaus ZARA eine ganze Wagenladung mit Garderobe in den Zarzuela-Palast.
Dieses Mal handelte es sich nicht um Modelle für die Königin oder die Prinzessinnen Elena und Cristina, sondern um eine Auswahl für Letizia Ortiz. In aller Ruhe sollte sie sich aus der neuesten Kollektion ihr Verlobungskleid aussuchen und durfte alles anprobieren, was ihr gefiel. In die engere Wahl kamen ein weißes Kostüm und ein weißer Hosenanzug. Sie konnte sich

beim besten Willen nicht entscheiden, und Felipe sagte: »Du siehst in allem einfach bezaubernd aus.«
Das half Letizia nicht viel weiter, und schließlich bat sie die Königin um Rat. Damit hatte Letizia die ersten Pluspunkte bei der Schwiegermutter in spe verbuchen können, flüsterte man am Hof. Sofia fühlte sich geschmeichelt und schaute sich mit Letizia noch einmal die gesamte Garderobe an. Die Königin fand den weißen Hosenanzug am schönsten, der zuvor auch Letizias Favorit gewesen war. Offensichtlich haben die beiden Damen in Fragen der Mode einen ähnlichen Geschmack.

König Juan Carlos informierte die Regierung und die Kirche von den Heiratsabsichten seines Sohnes, des Prinzen von Asturien. Die Regierung stimmte zu, und auch die katholische Kirche hatte keinerlei Einwände, weil Letizias erste Ehe nur standesamtlich geschlossen worden war. Der Vatikan erkennt Ehen nicht an, die nicht auch den Segen der Kirche erhalten haben. Darum gilt Señora Ortiz in den Augen der Geistlichen als ledig.
Der König und der Kronprinz einigten sich darauf, dass die offizielle Ankündigung der Verlobung am 1. No-

Im ersten Stock des Zarzuela-Palastes liegt der Gästeflügel, der Letizia bis zu ihrer Hochzeit beherbergt

vember 2003 erfolgen sollte, und zwar am frühen Abend um genau 19:15 Uhr. Der Wortlaut war folgendermaßen:

Ihre Majestäten, der König und die Königin,
haben die große Freude, die Vermählung ihres Sohnes,
Seiner Königlichen Hoheit des Prinzen von Asturien,
mit Frau Letizia Ortiz anzukündigen.
Die Verlobung wird am kommenden Donnerstag,
dem 6. November, im Zarzuela-Palast stattfinden.
Die Vermählung wird zu Beginn des Sommers 2004
in der Kathedrale Santa Maria de la Almudena
in Madrid stattfinden.

Zarzuela-Palast, 1. November 2003

Es war selbstverständlich die Nachricht des Jahres. Innerhalb von wenigen Minuten wurde sie von Nachrichtenagenturen auf der ganzen Welt als Eilmeldung verbreitet. Die spanischen Radio- und Fernsehstationen unterbrachen allesamt ihr laufendes Programm.
Auf *TVE*, Letizias ehemaligem Sender, lief gerade der Spielfilm »Du hast mich um den Verstand gebracht«. Was für eine passende Fügung des Schicksals!
Letizias jüngst noch enge Kolleginnen und Kollegen bei *TVE* sprangen von ihren Schreibtischstühlen auf und fielen sich in die Arme. Das also war das große Geheimnis, das sie ihnen nicht verraten wollte!
Aus allen vorhandenen Kühlschränken wurden Sektflaschen zusammengesammelt, und aus Pappbechern stießen sie auf Letizia an. Sie tanzten im Kreis um die Schreibtische herum und waren überglücklich. Wer hätte jemals gedacht, dass ihre Kollegin einmal Königin von Spanien werden würde!

rechts:
Letizias weißer Hosenanzug ist nach ihrer Verlobung mit Kronprinz Felipe bereits über 20000 Mal nachgeschneidert worden

Die Sondersendungen im Radio und im Fernsehen dauerten bis spät in die Nacht hinein. Alle spanischen Tageszeitungen stoppten ihre Druckmaschinen, um die Nation am nächsten Morgen mit Extraseiten von dem freudigen Ereignis zu unterrichten. Prinz Felipe hatte sich zwar nicht für eine Prinzessin entschieden, aber für Spaniens Fernsehkönigin! Jeder im Land kannte Letizia Ortiz; sie ist dort so allgegenwärtig wie bei uns vor einigen Jahren Sabine Christiansen von den *Tagesthemen* oder aktuell Petra Gerster vom *heute journal.*
Die Spanier waren begeistert, dass Felipe sich mit einer einheimischen Bürgerlichen verloben wollte. Viva Letizia!
Die Wahl des Prinzen stieß auf einhellige Zustimmung. Selbst die Linksparteien, die von ihrer Tradition her eigentlich gegen die Monarchie sind, übermittelten dem Paar ihre Glückwünsche. Niemand nahm Anstoß daran, dass Letizia Ortiz schon einmal verheiratet gewesen war. Das moderne Spanien hält zusammen.
Seit Jahren fiebert das ganze Land dem Zeitpunkt entgegen, zu dem Prinz Felipe sich endlich verloben wird. Jetzt ist die Hysterie um die bevorstehende Hochzeit umso verständlicher, denn die Spanier lieben ihre Königsfamilie. Selbst die Regenbogenpresse hat sich niemals erdreistet, einen Skandal aufzudecken, obwohl König Juan Carlos als bekannter Lebemann vielleicht die eine oder andere Story hätte liefern können. Aber negative Schlagzeilen über das Königshaus sind ein Tabu und würden von den Spaniern niemals akzeptiert werden. Die Verlobungsankündigung ihres beliebten Kronprinzen hingegen ist umso mehr nach dem Geschmack der Öffentlichkeit.

In den Bars und Restaurants liefen rund um die Uhr die Fernseher. Mit offenem Mund verfolgten die Spanier die vielen Spezialprogramme über das Traumpaar.

Sofort nach der Ankündigung der Verlobung erscheint Letizia auf den Titelseiten der gesamten spanischen Tagespresse

»Das ist doch wie im Märchen. Ein ganz normales Mädchen aus einfachem Hause wird plötzlich unsere Königin. Und schau, wie hübsch sie ist!« Der 67-jährigen Wirtin Maria Luisa standen fast Tränen in den Augen. Die Suppe, die sie ihren Gästen zum Abendessen servieren wollte, wurde schon kalt. Aber das interessierte sie in diesem Moment nicht. Gerade zeigte nämlich der Grundschuldirektor im asturianischen Oviedo den Zuschauern am Fernseher den Platz, an dem Letizia immer gesessen hatte. Als der Schulleiter dann auch noch ein altes Passfoto der zukünftigen Prinzessin aus einem Ordner zog und in die Fernsehkameras hielt, ging ein Raunen durch das Restaurant, in dem Maria Luisa ergriffen ihr Taschentuch an die Augen hielt.

Der Bedarf an Informationen über das bisherige Leben der Braut war kaum zu decken. Allein fünf Millionen Spanier wollten sehen, wo Letizia zur Schule gegangen war und wie ihr erster Freund ausgesehen hatte. Da mussten selbst Real Madrids Starfußballer Zidane, Ronaldo und Beckham einmal zurückstecken.

»Das ist doch total verrückt. Vor ein paar Tagen habe ich mir noch Zucker von ihr ausgeliehen, und jetzt wird

sie meine Königin!«, kreischte eine Nachbarin von Letizia hysterisch im Madrider Lokalfernsehen.
Spaniens Medienprofis erging es nicht anders. Ehemalige Kolleginnen und Kollegen der Nachrichtensprecherin wurden plötzlich sentimental und bekamen glänzende Augen, sobald sie über Letizia und ihre »Pretty-Woman-Story« berichteten. Sogar die sonst so monarchiekritische Zeitung »El Mundo« jubelte über die Fernsehkönigin und lobte sie als repräsentative Spanierin unserer Zeit: »Jung, professionell, weit gereist, unabhängig und mit großer persönlicher Berufserfahrung.«

Am Morgen der Verlobung, es war der 6. November 2003, nahm Königin Sofia ihren Sohn beiseite und fragte ihn: »Du wirst Letizia den Verlobungsring doch nach dem Frühstück ganz feierlich überreichen, oder?«
Felipe schaute seine Mutter fragend an. »Natürlich, was hast du denn gedacht?«, entgegnete er und runzelte die Stirn.
Die Königin drehte sich zu ihrem Mann um, warf ihm von Kopf bis Fuß einen langen Blick zu und sagte mit einem schelmischen Lächeln: »Dann bin ich ja beruhigt.«
Sofia denkt sehr glücklich an ihre eigene Verlobung zurück, aber ein Moment verursacht ihr heute noch gemischte Gefühle: Sie war eine der schönsten Prinzessinnen Europas gewesen, Tochter von König Paul und Königin Friederike von Griechenland. Auf einer Kreuzfahrt durch das Mittelmeer, die Friederike damals nicht ohne Hintergedanken organisieren ließ, hatte Prinzessin Sofia den gut aussehenden Bourbonen-Prinzen Juan Carlos kennen gelernt.
Es hatte sofort gefunkt zwischen den beiden, und genau damit hatte Königin Friederike fest gerechnet. Es lief alles wie am Schnürchen. Die Verlobung fand schon we-

Das heutige Herrscherpaar Juan Carlos und Sofia im Herbst 1961 bei ihrer Verlobung in einem Hotel in Lausanne

nige Monate später, im Herbst 1961, in einem Hotel in Lausanne statt, denn an diesem luxuriösen Ort residierte Juan Carlos' Großmutter Königin Viktoria Eugenie im Schweizer Exil.

Kurz bevor sich das Verlobungspaar für ein offizielles Foto den Pressefotografen stellte, gab es einen Champagnerempfang im Wintergarten des Hotels. Juan Carlos griff in seine rechte Jackentasche und rief unvermittelt: »Sofia, fang!«

Dann warf er ihr ein Schächtelchen zu, das den Verlobungsring enthielt. Seine Großmutter Königin Viktoria

Die Liebe ist besiegelt: Letizias Verlobungsring aus Weißgold mit Diamanten

Eugenie hätte vor Schreck fast das Champagnerglas fallen gelassen und rief entsetzt: »Juanito! Wie kannst du nur!«
Trotz allem hat sich Prinzessin Sofia über den Verlobungsring mit Diamanten und Rubinen sehr gefreut. Ihr Verlobungsgeschenk für den damaligen Kronprinzen war eine kostbare Armbanduhr – die er nicht aus der Luft hatte auffangen müssen.

Kurz nach dem Frühstück im Zarzuela-Palast wurde Letizia etwas nervös. Würde auch alles klappen am Verlobungstag? Sie bat Königin Sofia um ein kurzes Gespräch in ihrem Gästeflügel.
»Der Hosenanzug gefällt mir nicht mehr«, sagte sie. »Er sitzt einfach nicht richtig. Ich habe ihn bestimmt zehnmal anprobiert – nichts zu machen.«
Dann zeigte sie ihrer zukünftigen Schwiegermutter einen ähnlichen weißen Hosenanzug, den sie vor drei Wochen bei Armani gekauft hatte.
»Diesen würde ich lieber anziehen«, sagte sie, und Sofia nickte. Sie verstand Letizias Nervosität und war auch der Meinung, dass sie beim ersten großen Auftritt nur das anziehen sollte, worin sie sich wirklich wohl fühlte.

Wenig später fuhren die Gäste vor. Sämtliche Mitglieder der spanischen Königsfamilie trafen zeitgleich mit Letizias Familie ein. Bei einem Glas Champagner machte man sich gegenseitig miteinander bekannt. Letizias Verwandte, die vor Aufregung völlig aus dem Häuschen waren und deren Begeisterung über die bevorstehende Hochzeit keine Grenzen kannte, waren von Letizia über einige Grundregeln bei Hofe informiert worden. So war die Stimmung bei diesem Treffen zur Freude aller heiter und gelöst. König Juan Carlos, ganz Charmeur der alten Schule, machte Letizias Mutter Paloma Ortiz Komplimente: »Bezaubernd sehen Sie aus!«

Sie bedankte sich mit einem Hofknicks, den sie, wie sie später sagte, etwa hundertmal vor dem Spiegel geübt hatte.

Dann wurden die Geschenke verteilt. Prinz Felipe schaute verschmitzt lächelnd zu seiner Mutter, gab Letizia einen Kuss auf die Wange und überreichte ihr eine kleine rote Schachtel. Letizia strahlte und streifte sich den Verlobungsring aus Weißgold mit Brillanten über den Finger. Sie schenkte Felipe goldene Manschettenknöpfe mit dunkelblauen Saphiren. Der Prinz freute sich riesig, streckte beide Hände aus und sagte: »Mama, hilf mir mal.«

Die Königin wechselte ihrem Sohn die Manschettenknöpfe aus und flüsterte: »Die sind aber wirklich wunderschön!«

Es gab noch zwei weitere Geschenke. Der Prinz überreichte seiner Angebeteten eine Perlenkette mit Saphirverschluss aus der Familienschatztruhe, während Letizia ihm eine speziell gebundene Ausgabe des Romans »El Doncel de Don Enrique el Doliente« (»Der Edelknabe von Don Enrique dem Schmerzhaften«) schenkte. Dieses Werk stammt aus dem 19. Jahrhundert; verfasst hat es der spanische Schriftsteller Mariano José Larra,

Kronprinz Felipe und Letizia präsentieren aller Welt ihr Glück

der sich im Alter von nur achtundzwanzig Jahren wegen einer unglücklichen Liebe erschoss. Es handelt, nebenbei gesagt, von Ehebruch!
Um alle Gerüchte von vornherein aus der Welt zu schaffen, sagte Felipe in Richtung der beiden staunenden Familien: »Ich habe mir dieses Buch gewünscht.« Weiter ging er darauf nicht ein.
Um Punkt zwölf Uhr öffneten Diener die breiten Flügeltüren des hinteren Terrasseneingangs im Zarzuela-Palast. Prinz Felipe und Letizia stellten sich einer Hand

Gruppenbild bei der Verlobung. Königin Sofia prüft den Sitz von Felipes Manschettenknöpfen – dem Geschenk von Letizia

voll Hoffotografen für das offizielle Verlobungsfoto. Wenig später gesellte sich das Königspaar dazu und Letizias geschiedene Eltern Paloma und Jesus Ortiz. Anschließend erschienen Geschwister, Nichten, Neffen, Cousinen, Cousins, Tanten und Onkel zum traditionellen Gruppenfoto.

Eine halbe Stunde später fuhren Prinz Felipe und Letizia mit ihren engsten Familienangehörigen in einem Konvoi mit Polizei-Eskorte nach Madrid zum Prado-Palast. Dort warteten über 340 Fotografen und Journalisten aus 51 Ländern auf das Verlobungspaar. Weil sie vor dem Zarzuela-Palast nicht alle Platz gehabt hätten, entschied sich das Protokoll kurzerhand für einen Pressetermin in der weitläufigeren Umgebung des Stadt-Palastes.

Hand in Hand erschienen Felipe und Letizia vor der Weltpresse. Der Prinz und die zukünftige Prinzessin versicherten allen strahlend, welch starke Liebe sie füreinander empfanden. Sie sprachen aber auch von den Pflichten, die sie als Repräsentanten des Staates zu erfüllen haben würden.

»Letizia ist die Frau, mit der ich mein Leben teilen und eine Familie gründen will«, sagte Felipe. »Als Erbe der

Krone bin ich mir sicher, dass Letizia alle Qualitäten und Fähigkeiten mitbringt, um die Verantwortung und die Aufgaben einer Prinzessin von Asturien und einer künftigen Königin von Spanien zu übernehmen.«

Bei diesen Worten drückte der Thronfolger seiner Verlobten fest die Hand. Die Braut blickte ein wenig nervös zu ihrem Bräutigam auf und errötete leicht. Aber dann griff sie schnell auf ihre Erfahrung als TV-Moderatorin zurück, atmete kräftig durch und schaute mit sicherem Blick in die Kameras.

»Unser Heiratsbeschluss ist das Resultat reiflicher Überlegung«, sagte sie. »Vor allem aber gründet er auf unserer tiefen Liebe zueinander.«

Dann entdeckte sie in der Menge der Journalisten einige frühere Arbeitskolleginnen, winkte ihnen fröhlich zu und zeigte ihren Verlobungsring.

Der Prinz wollte etwas sagen, aber Letizia stoppte ihn und meinte: »Jetzt musst du auch deine Manschettenknöpfe zeigen!«

Bereitwillig zog Felipe beide Manschetten seines Hemdes aus dem Anzug hervor und präsentierte sie der wartenden Menge.

Der Termin für die Fotografen und Reporter dauerte genau sieben Minuten. Dann zogen sich Felipe und Letizia, noch einmal winkend, in den Palast zurück, um mit ihren dort wartenden Familien gemeinsam das Mittagessen einzunehmen und die Verlobung gebührend zu feiern.

Es war ein wunderbarer und mit Spannung erwarteter Termin gewesen, bei dem sich das Paar zum ersten Mal gemeinsam der Öffentlichkeit präsentiert hatte. Dennoch waren viele Journalisten enttäuscht, denn viele ihrer Fragen blieben unbeantwortet. Zumindest gab es nun einen ersten persönlichen Eindruck von dem Paar, der noch am selben Abend wieder und wie-

der in Fernsehsendungen und am nächsten Tag in den Zeitungen auf vielen Sonderseiten weidlich ausgeschlachtet wurde.
Plötzlich begann sich ein Bild abzuzeichnen, das kritischen Stimmen Vorschub leistete. Viele Kommentare in den spanischen Medien stießen in dasselbe Horn: Letizia habe den Prinzen »herumkommandiert«. Sie habe bei ihrem kurzen Auftritt buchstäblich die Hosen angehabt, und wollte Felipe etwas sagen, habe sie ihn mit den Worten »Lass *mich* jetzt mal ausreden« einfach unterbrochen. Und der Prinz habe das auch noch unterstützt!
Vielen Berichterstattern war offensichtlich nicht klar, welch große Umstellung Letizia bevorstand und an wie viele Details sie allein in der kurzen Zeit vor ihrem ersten Auftritt zu denken hatte. War es da verwunderlich, dass sie die Dinge selbst in die Hand nehmen wollte? Andere, besonnenere Berichterstatter lobten Letizias Charakter und ihre starke Persönlichkeit. Sie sei so stark wie Königin Sofia, hieß es, und das sei eine Eigenschaft, die Felipe beeindrucke.
In vielen Leitartikeln wurde übrigens immer wieder betont, wie »unglaublich verliebt« der Prinz von Asturien

Die Weltpresse drängelt sich beim Fototermin zu Felipes und Letizias Verlobung

Das Wachsfigurenkabinett von Madrid ließ es sich nicht nehmen, bereits eine Woche nach der Verlobung die Figuren des Brautpaares auszustellen

sei, doch über Letizias Verliebtheit wurde kein einziges Wort geschrieben. Das ist eigentlich unfair, denn Letizia liebt Felipe ebenso wie er sie – und weshalb sollte dies nicht der Erwähnung wert sein?

Tatsächlich wird Letizia von den Spaniern spätestens seit der Verlobung genauestens beäugt und beurteilt, und das wird noch eine Weile so bleiben. Zwischen konservativer Kritik an ihrer dominanten Art und der Hoffnung, die von fortschrittlicheren Kreisen in sie gesetzt wird, muss sie in Zukunft ihren Weg finden – und muss ihn auf diskrete, der Tradition angemessene Weise gehen.

Eine Lektion in Sachen Zurückhaltung hatte sie bereits eine Woche nach der Verlobung zu lernen: Letizia hatte der spanischen Tageszeitung *ABC* in aller Unschuld ein kurzes Interview gegeben. Darin beklagte sie sich: »Es bedrückt mich sehr zu wissen, dass alles, was ich mache und sage, auf die Goldwaage gelegt wird.«

Das sollte Letizias erstes und letztes Interview als Verlobte des Thronfolgers gewesen sein. Sie hatte es ohne Zustimmung des Hofes gegeben, und die zuständigen Palastangestellten rauften sich die Haare. Niemals gehen Mitglieder der spanischen Königsfamilie mit ihrer persönlichen Meinung an die Öffentlichkeit! Das verbietet die Hofetikette, die Letizia nun bis zu ihrer Hochzeit verinnerlichen muss.

Liebe hin, Liebe her – die Zeit der ungestörten Treffen war nun vorbei. Die Braut des Kronprinzen würde sich im Eiltempo auf ihre neue Aufgabe vorzubereiten haben, und das bedeutete auch, dass Letizia Ortiz mit ihrem bisherigen Leben abschließen musste.

6
Die Hochzeit

»Hand in Hand
durch ein Meer von Glück«

6 Die Hochzeit

Letizia Ortiz war sich bewusst, dass sie vom Tag ihrer Verlobung am 6. November 2003 bis hin zu ihrer königlichen Hochzeit am 22. Mai 2004 ein unglaubliches Lernpensum würde absolvieren müssen. Aber sie wurde damit nicht allein gelassen. Königin Sofia nahm ihre Schwiegertochter in spe an die Hand und sorgte persönlich dafür, dass sie in dieser Zeit so rasch und unkompliziert wie möglich einen gewissen Einblick in ihr künftiges Leben gewinnen konnte.

In den wenigen Monaten bis zur Hochzeit konnte Letizia dennoch unmöglich alles lernen, was sie als künftige Kronprinzessin von Spanien wissen musste; das war allen Beteiligten am Hofe klar. So vermied es auch die Königin in dieser Zeit, ihre Predigten von früher wieder aufs Tapet zu bringen. Felipe hatte sich nun einmal für Letizia entschieden, und nun hieß es, das Beste daraus zu machen.

Die Königin hatte in den vergangenen Jahren mehr als einmal betont, wie wichtig es doch sei, dass ihr Sohn standesgemäß heirate: »Ich habe nichts gegen ein bürgerliches Mädchen. Ganz sicher nicht. Aber eine Prinzessin aus einer königlichen Familie wird es einfacher haben, sich bei uns am Hof einzugewöhnen. Denn ihr ist all das, was hier abläuft, vollkommen vertraut, weil sie jede Kleinigkeit von frühester Kindheit an kennt. Alles, was für eine königliche Prinzessin normal ist, muss eine junge Frau aus dem Volk erst lernen. Und das ist schwer. Ich halte es fast für unmöglich.«

Letizia sollte nun also das fast Unmögliche möglich machen, eine Fülle an Informationen verinnerlichen und seitenweise Protokollregeln und Traditionen erlernen. Dabei gab sich die zukünftige Königin von Spanien viel Mühe, denn sie ist eine Perfektionistin. Sie wusste, dass seit ihrer Verlobung alle öffentlichen Auftritte an der Seite von Prinz Felipe und der königlichen Familie im Fernsehen übertragen wurden. Daher ließ sie sich die

Sendungen aufzeichnen und setzte sich danach mit den Videobändern vor den Bildschirm. Peinlich genau kontrollierte und untersuchte sie jede einzelne ihrer Gesten und versuchte dann, es noch besser zu machen.
Sie studierte genau, wie Königin Sofia und ihre Töchter Prinzessin Elena und Prinzessin Cristina sich bewegten, winkten und lächelten. Hoheitsvoll wollte sie wirken, ohne dabei ihre eigene Persönlichkeit zu verlieren. Dieses Vorhaben glich wahrhaft einer Gratwanderung, die ihr aber erstaunlich schnell gelang.
Nachdem sie sich zigmal die Videos von ihrer Verlobung angesehen hatte, sagte Letizia kopfschüttelnd: »Meine Güte, war ich arrogant und naiv. Zum Glück fanden das viele Menschen herzerfrischend. Aber wie konnte ich nur vor laufenden Kameras zu Felipe sagen: *Jetzt lass mich mal ausreden!* Das war nicht nur unhöflich, und ich meine es im wahrsten Sinne des Wortes: unhöf-lich, sondern auch unangebracht. Es tut mir so Leid. Und ich habe es ihm auch gesagt.«
Die ehrgeizige Letizia ließ sich umgehend von einer Freundin, die in einer Madrider Bibliothek arbeitet, Lektüre über das berühmte spanische Hofzeremoniell besorgen. Doch das hätte sie besser nicht getan, denn was sie dort las, bereitete ihr viele schlaflose Nächte im Gästeflügel des Zarzuela-Palastes.

Die spanische Hofetikette gibt es seit dem 18. Jahrhundert, und sie galt über die Jahrhunderte zu Recht als das strengste Hofzeremoniell Europas. Bis ins kleinste Detail wurde darin das Leben des Herrscherpaares und seiner Familie geregelt.
Dieses Ordnungssystem erstreckte sich auf fast alle Aspekte des höfischen Lebens und reichte von der Raumeinteilung der bewohnten Salons bis zum Zutritt bei Hofe: Der Rang jedes einzelnen Höflings bestimmte, wie weit er in die Nähe des Königs vordringen durfte.

Der Tagesablauf war ebenso geregelt wie die Speisenfolge beim Diner, die Anzahl der Verbeugungen, die man vor dem Herrscher machen musste, und die Anzahl der Treppenstufen, die der König einem Besucher entgegenkam.

Zur Blütezeit der höfischen Etikette lebte der spanische Adel in der Nähe der königlichen Residenz, die den Mittelpunkt des Staates darstellte. Das Beherrschen des Zeremoniells gab dem Adel neben seiner Geburt eine zusätzliche Rechtfertigung seiner Position in der Gesellschaft. Man verbeugte sich auf respektvolle Weise, wusste, welche Gesprächsthemen in Frage kamen, und vor allem war es sehr wichtig, sich und seinen Reichtum vor dem König und den anderen Höflingen gebührend darzustellen. Je besser der Höfling sich zu präsentieren wusste, desto eher konnte er sein Prestige und seinen Einfluss bei Hofe wahren und blieb im Gunstbereich des Herrschers. Der König hingegen musste alle anderen Adligen an Glanz und Gloria übertrumpfen.

Um die Hierarchie in diesem Machtgefüge zu wahren, diente das spanische Hofzeremoniell auch dazu, den Rang jedes Einzelnen innerhalb des Hofstaates genau festzulegen und durch Ordensauszeichnungen allgemein sichtbar zu machen. Der ideale Höfling musste genauestens seine Gestik und Mimik kontrollieren, die je nach Rang des Gegenübers unterwürfig oder hoheitsvoll ausfiel. Man kann jenes strenge Reglement als eine Art Code betrachten, den jeder beherrschen musste, um hoffähig zu sein.

Alle adeligen Mitglieder des Hofstaats wurden nach ihrem Aussehen beurteilt, das natürlich der neuesten Mode entsprechen musste. Außerdem war Geschicklichkeit beim Reiten, Tanzen und Fechten gefordert, wodurch man die anderen Höflinge und die königliche Familie beeindrucken wollte. Besonders beim Tanz

Der festliche Bankettsaal im Königspalast von Madrid ist auch heute noch Mittelpunkt bei großen Staatsempfängen und Galadiners

konnten schnell Fehler passieren, wenn jemand im Umgang mit dem Code nicht versiert war. Denn was damals von außen wie ein fröhliches Ereignis aussah, diente nicht ausschließlich dem Vergnügen, wie das aus heutiger Sicht vielleicht anzunehmen wäre. Die Höflinge waren in ihrem eigenen Interesse dazu gezwungen, die anderen zu beobachten, um anhand von Körperhaltung, Wortgeplänkel und Garderobe alle möglichen Absichten zu erkennen. Gleichzeitig mussten sie sich selbst so zu beherrschen wissen, dass die eigenen Intrigen, die sie vielleicht im Schilde führten, im Dunkeln blieben.

Dies war also die Essenz dessen, was Letizia sich im Schnelldurchgang zu Gemüte führte. Kein Wunder, dass die Lektüre sie geradezu schockierte. Musste sie etwa genauso leben und handeln? Trotz allem blieb sie

fest entschlossen, sich durch das Thema zu arbeiten und alle wichtigen Informationen zu behalten.
Das 18. Jahrhundert, in dem die spanische Hofetikette sich etablierte, galt auch als das »erotische Jahrhundert«, so las Letizia weiter. Die Mode war ganz darauf ausgerichtet, die Reize der Damen zu unterstreichen. Der Reifrock wurde kürzer, und durch eine kunstvolle Art des Gehens wurde er in Schwingung versetzt, sodass er die Fesseln und den spitzenbesetzten Unterrock seiner Trägerin zeigte. Blumen, Bänder und Federn konnten an bestimmten, bedeutungsvollen Stellen angebracht werden, und so war es den Damen am Hof möglich, ihren Kavalieren von einer heimlichen Zusage bis zur deutlichen Ablehnung Botschaften zu vermitteln, ohne die höfische Etikette zu verletzen. Auch auf die Schuhe wurde besonderes Augenmerk gelegt, da sie für die Kavaliere generell sichtbar waren. Klein und zierlich, manchmal sogar mit Edelsteinen geschmückt und mit hohen Absätzen versehen, bereitete das unbequeme Schuhwerk genauso wie die weiten Röcke den Damen des Adels oftmals Schwierigkeiten beim Gehen. Es galt daher als vornehm, einen zierlichen Gehstock zu verwenden.
Eine sehr wichtige Rolle spielte übrigens auch der Fächer. Er war laut der spanischen Hofetikette ein unentbehrliches Utensil für die »langue d'amour« (Sprache der Liebe). Die Dame oder Prinzessin konnte mit seiner Hilfe sowohl Zorn als auch Vergnügen ausdrücken, Zustimmung zu einem Rendezvous signalisieren oder ihrem Verehrer einen Korb geben.
Selbst bei den Sitzmöbeln musste die Hierarchie im spanischen Hofzeremoniell strikt eingehalten werden. Die Mitglieder des Hofstaates durften sie nur dem eigenen Rang entsprechend benutzen: Das Kanapee war der vornehmste Platz, dann folgten der Fauteuil (ein Lehnstuhl mit bequemen Polstern), die etwas weniger kom-

fortablen Armlehnstühle, schließlich Stühle ohne Armlehne und zuletzt einfache Hocker. In den Vorräumen der königlichen Familie durften laut Zeremoniell nur Armlehnstühle aufgestellt werden, keinesfalls Fauteuils oder gar Kanapees. Diese waren nur in privaten Gemächern der Herrscher vorhanden. Somit unterstrich diese Aufstellung der Sitzgelegenheiten auch die Regelung des Zugangs zum König, der ebenfalls streng hierarchisch gegliedert war: Je höher die Person stand, desto weiter durfte sie in die königlichen Gemächer vordringen, und es stand ihr daher natürlich auch eine umso vornehmere Sitzgelegenheit zu.

Letizia war nach diesen Unterlagen ganz benommen. Das also verstand man unter dem weltberühmten spanischen Hofzeremoniell. Was war davon in der heutigen Zeit noch übrig geblieben? Sie zeigte Felipe die Passagen. Er überflog sie in wenigen Minuten und fragte: »Das hast du gelesen?«
Sie nickte und schaute mit großen Augen zu ihm auf. Der Prinz lachte schallend, nahm Letizia in den Arm und sagte: »Ich liebe dich!«
Dann erklärte er seiner Braut, dass es die spanische Hofetikette heute natürlich noch gäbe, aber dass sie sich im Laufe der Jahre der Zeit angepasst habe. Letizia wirkte erleichtert und fragte nach den Veränderungen.
Felipe erklärte ihr, dass das Zeremoniell heute nur noch aus wenigen Grundregeln bestehe, die im Zarzuela-Palast und im Königspalast in Madrid eingehalten werden müssen. Vor allem ist der Hofknicks ein fester Bestandteil der Etikette. Die Damen der spanischen Gesellschaft haben vor dem König und der Königin zu knicksen. Auch Letizia und die Prinzessinnen Elena und Cristina müssen ihnen mit einem Hofknicks Respekt zollen, genauso wie Juan Carlos' Schwestern Prinzessin Maria del Pilar und die blinde Prinzessin Margarita.

Hier beugt Juan Carlos von Spanien vor Papst Johannes Paul II. das Knie

Der Hofknicks gilt als Zeichen von Unterordnung und Respekt. Wenn Felipe und Letizia verheiratet sind, so das Protokoll, ist von den Damen der Gesellschaft auch ein Hofknicks vor dem Kronprinzenpaar erwünscht.
»Geht das nicht zu weit?«, fragte Letizia ihren Verlobten. »Es wird mir peinlich und unangenehm sein, wenn ältere Damen vor mir in die Knie gehen.«
Felipe: »Nein, das geht nicht zu weit. Sie wollen dir mit dem Hofknicks andeuten, dass sie dich als Kronprinzessin und künftige Königin von Spanien anerkennen. Daran wirst du dich schnell gewöhnen.«
Letizia: »Na, ich weiß nicht.«
In der Öffentlichkeit muss Letizia immer links neben Felipe gehen, stehen und sitzen. (Natürlich gilt das nicht, wenn der Prinz am Steuer eines Autos sitzt). Wenn er Reden hält, muss sie sich diskret im Hintergrund halten und darf nicht applaudieren. Durch diese Zurückhaltung drückt sie aus, dass das, was er in seiner Rede sagt oder andeutet, auch ihre Meinung ist.

Letizia wird sich auch der Kleiderordnung des Hofes anpassen müssen, die diskrete, schlichte und doch elegante Garderobe vorschreibt. Der Rock darf niemals die Knie zeigen, und tiefe Ausschnitte und durchsichtige Stoffe sind tabu. Tritt Letizia gemeinsam mit Königin Sofia auf, werden Stil und Farbe der Garderobe vorher mit den Kammerzofen abgestimmt. Sämtliche Kleider, Röcke, Blusen, Schals, Abendroben und Schuhe werden in einem riesigen begehbaren Kleiderschrank aufbewahrt. Nach jedem Auftritt hängen Zofen die Garderobe auf und versehen sie mit einem kleinen Zettel, auf dem genau nachzulesen ist, zu welchem Anlass und an welchem Datum Letizia sie getragen hat. So wird vermieden, dass sie kurz hintereinander dasselbe Ensemble trägt. Es ist aber erlaubt, verschiedene Kleidungsstücke miteinander zu kombinieren, solange nicht mehr als einmal im Monat das Gleiche getragen wird. Das gilt selbstverständlich auch für Handtaschen, Handschuhe, Hüte und andere Accessoires.

Aufgrund der eher konservativen Prägung des spanischen Königshauses wird Letizia niemals eine Modekönigin werden wie seinerzeit Diana, die Prinzessin von Wales – obwohl sie, was die Schönheit betrifft, vielleicht mithalten könnte. Die auffallende Garderobe der Ehefrau von Prinz Charles hatte Millionen junger Frauen auf der ganzen Welt in den Bann gezogen. Diana wurde regelrecht zur Trendsetterin. Ihre teilweise gewagt geschlitzten Röcke oder eng anliegenden Abendkleider waren der Hit der 80er und 90er Jahre. Das ging irgendwann so weit, dass sich kaum jemand mehr dafür interessierte, was Prinzessin Diana eigentlich einweihen sollte – jeder wollte nur wissen: Was trägt sie heute!

Letizia hingegen darf sich nicht zur Schau stellen, sondern soll im Dienste der spanischen Krone diskret an der Seite ihres Mannes repräsentieren. »Wir brauchen kein Modepüppchen«, heißt es im Zarzuela-Palast.

Auf der anderen Seite will man dort aber auch, dass Letizia als Kronprinzessin zum Vorbild für moderne junge Spanierinnen wird. Und dazu gehört in der heutigen Zeit nun einmal ein modisches Aussehen. Viele Kenner

Prunkvolle Diamanthalskette aus dem spanischen Kronschatz. Sie wird voraussichtlich von Letizia bei der Hochzeit getragen werden.

des spanischen Protokolls sind gespannt, wie Letizia diesen Balanceakt zwischen Pflicht und Kür meistern wird.
Bei Galadiners wird Letizia das Privileg haben, Juwelen aus dem spanischen Kronschatz anzulegen: Diademe, Colliers, Ringe und Armbänder aus Diamanten, Rubinen, Saphiren und Smaragden. Die spanischen Kronjuwelen gehören zu den wertvollsten der Welt. Vor einem offiziellen Staatsempfang darf Letizia als Kronprinzessin als erste Frau nach der Königin wählen, welches Geschmeide sie tragen möchte. Erst dann dürften Felipes Schwestern Prinzessin Elena und Prinzessin Cristina ihre Wünsche äußern. Die Juwelen befinden sich in einem Safe in einer Bank in Madrid und werden erst wenige Stunden vor Beginn eines Galaabends in einem gepanzerten Wagen mit Polizeieskorte zu den königlichen Damen gebracht. Meistens wartet dort schon der Hoffriseur, der die glitzernden Diademe kunstvoll der Abendfrisur hinzufügt.

Zum makellosen Auftritt einer Prinzessin gehören auch die perfekten Umgangsformen. Hier wird Letizia als moderne, selbständige Frau sicherlich am meisten dazulernen müssen, denn Spontaneität bedeutet im königlichen Sinn häufig Ungeschicklichkeit.
Letizia wird beispielsweise die Namen der zehn ersten Personen, die ihr auf einem Empfang vorgestellt werden, auswendig lernen müssen. Spontane Sympathiebekundungen oder unterlassene Repräsentationsgesten wie das Winken zum wartenden Volk kann man durchaus schon als Fauxpas der Etikette betrachten.
Bei einem Staatsbankett muss Letizia nicht nur die Namen ihrer beiden Tischherren zur linken und zur rechten Seite kennen, sondern auch deren Lebensläufe inklusive Hobbys und Vorlieben für die eine oder andere

Sache. Niemals darf sie auf ein politisches Thema eingehen, geschweige denn von sich aus eines anschneiden. Dies wird für die ehemalige TV-Journalistin sicherlich eine große Umstellung werden.
Außerdem muss sie peinlich genau darauf achten, dass sie ihren Tischherren zur rechten und zur linken Seite die gleiche Aufmerksamkeit widmet, während sie gleichzeitig ihre Schwiegermutter Königin Sofia im Auge behalten muss, um deren Signale aufzufangen. Sobald nämlich Ihre Majestät das Besteck auf den Teller legt, darf niemand mehr weiterspeisen. Dies wird aber nicht geschehen, solange einige Bankettgäste am Ende der Tafel noch mit dem Essen beschäftigt sind. Wie viele andere Monarchinnen ist Königin Sofia so erfahren, dass sie niemals als Erste den jeweiligen Menügang beenden würde. Notfalls schiebt sie Kartoffelstückchen oder Prinzessböhnchen so lange unauffällig hin und her, bis alle anderen Gäste fertig sind.
»Diskrete Höflichkeit und diese besonderen Tischmanieren gehören zur Grundausbildung einer jeden Königin«, sagte einmal der inzwischen verstorbene Hofmarschall Sir John McDovell vom britischen Hof. Er habe die Queen nie darum beneidet, denn obwohl den Gästen im Buckingham-Palast dieses Ritual vor dem Galadiner mitgeteilt wurde, hätten sich viele beim Essen »derart verquatscht«, dass die eine oder andere Mahlzeit von Königin Elizabeth kalt geworden war.

Letizia nahm all diese Dinge äußerst aufmerksam zur Kenntnis. Eines ging ihr jedoch nicht aus dem Sinn, und sie fragte ihren Verlobten Felipe: »Wie regelt Prinzessin Margarita das, wenn sie einmal den Vorsitz über eine Tafel führt?«
Prinz Felipe lächelte und antwortete: »Liebling, da kommt die Journalistin in dir durch. Die recherchiert und will jedes Detail genau wissen. Meine blinde Tante

kennt sich in ihrer dunklen Welt so gut aus wie wir in unserer. Glaube mir, auch sie hat bei Galadiners kein Problem.«
Letizia war beruhigt.

Je näher der Tag der Hochzeit rückte, desto nervöser wurde Letizia. Die Grundregeln der modernen spanischen Hofetikette hatte sie auswendig gelernt. Sie zu beachten erschien ihr mit etwas Übung nicht so schwer. Das Leben am Königshof wurde ihr mit jedem Tag vertrauter, und weil Königin Sofia sie zunehmend lobte, fühlte sie sich immer sicherer. Darüber freute sich aber nicht nur Prinz Felipe, sondern auch sein Vater Juan Carlos.
Der König hatte einmal zu fortgeschrittener Stunde bei Freunden in seinem Segelklub Bedenken geäußert, dass, ganz allgemein gesprochen, das »Verhältnis Schwiegermutter – Schwiegertochter« wohl ein problematisches sei. Er habe da von verschiedener Seite schon von unglaublichen Machtkämpfen gehört, die ihn beunruhigten. König Juan Carlos hoffte inständig, dass ihm ein solcher Machtkampf hinter den Kulissen erspart bleiben würde.
Er hatte Glück. Königin Sofia und Letizia gewannen einander nach kurzer Zeit wirklich lieb, und von Streit und Intrige war weit und breit keine Spur. Ex-Königin Anne-Marie von Griechenland, die Frau von Sofias Bruder Ex-König Konstantin, soll daran übrigens nicht ganz unbeteiligt sein. Die Schwägerinnen Sofia und Anne-Marie telefonierten vor der Verlobung von Felipe und Letizia mehrmals, und Anne-Marie sagte: »Mir ging es damals auch nicht gut, als Paul uns mitteilte, dass er die Amerikanerin Marie Chantal Miller heiraten wollte. Sie war nicht standesgemäß, und ich glaube, ich war außerdem richtig eifersüchtig, wie jede Mutter, die ihren Sohn liebt. Aber was willst du tun? Ich habe

rechts:
Auch die süßen Brautkinder proben bereits ihren großen Auftritt bei Felipes und Letizias Hochzeit

»Hand in Hand durch ein Meer von Glück«

irgendwann verstanden, dass ich meinen Sohn nicht verliere, sondern im Gegenteil sogar noch eine Tochter dazubekomme. So musst du das sehen.«
Königin Sofia soll lange über diese Worte nachgedacht haben. Sie haben ihre Wirkung, wie man heute an Letizia sieht, nicht verfehlt. Und Kronprinz Paul von Griechenland ist mit Marie Chantal seit acht Jahren überaus glücklich verheiratet und hat drei reizende Kinder, die der ganze Stolz von Oma Anne-Marie sind.

Seinen 36. Geburtstag am 30. Januar 2004 wollte Prinz Felipe nicht im Kreise der königlichen Familie in Madrid feiern, sondern bei Letizias Großeltern Menchu und José Ortiz in Oviedo.
»Das ist nicht dein Ernst!«, freute sich Letizia.
»Doch«, sagte Felipe, »du kennst jetzt meine ganze Familie, ich deine noch nicht. Und deine Großeltern, von denen du so viel erzählt hast und die du so sehr liebst, sind mir schon fast vertraut, obwohl ich sie noch nie gesehen habe.«
Letizia eilte sofort zum Telefon, um ihren Besuch in Oviedo anzukündigen.
Oma Menchu, die pensionierte Hörfunkmoderatorin von zahlreichen Kindersendungen, und Opa José, in Rente gegangener Taxifahrer, fielen sich überglücklich in die Arme. Es überstieg ja schon fast ihr Vorstellungsvermögen, dass ihre Enkelin den spanischen Kronprinzen heiraten würde. Aber dass er auch noch seinen Geburtstag bei ihnen feiern wollte – nein, das hätten sie nie zu träumen gewagt. Aber bodenständig, wie die beiden alten Leute waren, freuten sie sich und behandelten Felipe wie ihren eigenen Enkelsohn. Die Großmutter hatte einen deftigen Bohneneintopf gekocht (vegetarisch wegen Letizias Verzicht auf Fleisch) und ihren berühmten Apfelkuchen gebacken, mit einer Glasur aus Aprikosengelee.

Geburtstagsparty bei Oma Menchu und Opa José

Felipe fühlte sich in dem bescheidenen Heim so wohl, dass er mit Großvater José sogleich ein Gläschen Apfelschnaps trank. Und Letizia schaute Felipe so zärtlich an wie noch nie zuvor in ihrem Leben. Sie war sich in diesem Augenblick sicher, dass sie den Mann gefunden hatte, den sie über alles liebte.

Die Harmonie brachte eigentlich nur Omas wuschelige weiße Pudeldame Eve etwas durcheinander, die ständig an Felipe hochsprang und bettelte.

»Wissen Sie«, sagte die Großmama zum Prinzen, »sie ist es gewohnt, dass Gäste ein Leckerli mitbringen.«

Felipe lachte: »Kein Problem, ich werde das nächste Mal daran denken.«

»Ach, Omi ...«, seufzte Letizia und verdrehte die Augen.

Aber Omi schaute nur den Prinzen an, der wie ein Verbündeter nickte. Seine himmelblauen Augen strahlten.

»Wir müssen miteinander reden«, sagte Königin Sofia einige Tage nach diesem Treffen zu Letizia. »Lass uns im Park spazieren gehen.«

Fast eine Stunde schlenderten die Königin und ihre zukünftige Schwiegertochter durch die Gärten des Zarzuela-Palastes. Es war, wie man heute weiß, wieder einmal ein besonderes Gespräch von Frau zu Frau. Immer wieder schauten die beiden sich freundlich in die Augen, und Sofia legte sogar einmal den Arm um Letizia. Bei dem Gespräch ging es um Letizias Brautkleid – nicht irgendein Hochzeitskleid, sondern das Brautkleid, das die zukünftige Königin von Spanien tragen und auf das die ganze Welt gespannt sein würde.

Sofia, eine begnadete Diplomatin, musste jetzt ihre jahrelange Erfahrung ins Spiel bringen. Auf der einen Seite wollte sie sich nicht in Letizias Angelegenheiten mischen. Jede Braut möchte nach ihren eigenen Vorstellungen bei ihrer Hochzeit die schönste Frau der Welt und mit sich zufrieden sein.

Auf der anderen Seite wusste sie, dass über siebzig mehr oder weniger bekannte spanische Modeschöpfer sich unmittelbar nach der Verlobung um den Entwurf des Brautkleides beworben hatten. Ausländische Modehäuser kamen gar nicht erst in Frage, weil das Hochzeitskleid der künftigen Königin von Spanien von einem einheimischen Designer geschneidert werden sollte.

»Was schlagen Sie vor, Majestät?«, fragte Letizia, eine höfliche und absolut korrekte Anrede für die Frau, die bald ihre Schwiegermutter sein würde.

Die Königin war erleichtert, weil ihre zukünftige Schwiegertochter offenbar noch keine konkreten Vorstellungen hatte, was den Schneider betraf. Eingeweihte Kreise am Hof wissen, dass Letizia hier keinen Fehler machen wollte, sondern lieber den Rat der Königin beherzigen. Eine wohl bedachte und kluge Reaktion.

Sofia schlug den spanischen Couturier Manuel Pertegaz vor. Letizia schluckte zunächst zweimal. Pertegaz ist in Spanien durchaus kein Unbekannter, aber den

Höhepunkt seiner Laufbahn hatte er in den 60er Jahren des letzten Jahrhunderts erreicht. Damals hatte er klassische Abendroben für Königin Sofia entworfen, atemberaubende Kleider für die US-Schauspielerin Audrey Hepburn und Jacqueline Kennedy geschneidert. Maria Callas, die beste Operndiva aller Zeiten, soll ihm sogar allein für den Entwurf eines Bühnenkostüms einen Blankoscheck zugesandt haben.

Manuel Pertegaz, der älteste Modeschöpfer Spaniens, wird Letizias Brautkleid schaffen – mit Spannung wird erwartet, zu welchen kreativen Höchstleistungen es ihn beflügeln wird

Modeschöpfer Manuel Pertegaz ist heute 86 Jahre alt. Und dieser Mann sollte das königliche Hochzeitskleid für Letizia, die Braut des Jahres 2004, entwerfen?
»Ja!«, sagte Letizia schließlich nach einer gedankenvollen Pause und umarmte Königin Sofia zum ersten Mal so spontan, dass beide Tränen in den Augen hatten.
Aber die Tränen rannen den beiden Frauen aus unterschiedlichen Gründen über die Wangen. Letizia fand die Auswahl einfach nur cool. Sofia hingegen, die diplomatische Königin, dachte weiter. Sie wusste, dass der 86-jährige Modezar Manuel Pertegaz keinen Unfrieden zwischen den spanischen Modeschöpfern säen würde. Er stand in seinem hohen Alter über den Dingen und war für seine wesentlich jüngeren Kollegen keine Konkurrenz. Ganz im Gegenteil, sie verneigten sich symbolisch vor ihm und drückten ihre Bewunderung für sein Lebenswerk aus. Somit war dies ein genialer Schachzug von Königin Sofia. Sie hatte Letizia nicht bevormundet und die spanische Modeszene nicht in Eifersüchteleien verwickelt.
Gerührt und mit der Gelassenheit seines Alters sagte Manuel Pertegaz nach Erhalt des Auftrags: »Letizia wird ein perfektes, unübertreffliches Kleid bekommen. Aus dem Rahmen fallen darf sie aber nicht.«
Die Braut besuchte den Modeschöpfer kurz darauf fünfmal in seinem Studio in Barcelona, um alle Einzelheiten abzusprechen. Sie schaute sich immer wieder alle Skizzen an und entschied sich schließlich für ein hochgeschlossenes Kleid aus Seide mit langen Ärmeln. Die Farbe sollte ganz helles Elfenbein sein.
Manuel Pertegaz wollte ausländische Stoffe verarbeiten, aber der Hof in Madrid legt größten Wert darauf, dass ausschließlich Materialien aus Spanien verwendet werden – schließlich sei Letizia die künftige Königin dieses Landes. Also bestellte er Stoff bei einer Seidenwe-

berei in Valencia. Mehr als sieben Proben hatte er mit der Braut gesichtet, bis sie gemeinsam eine Entscheidung getroffen hatten.
Bei der letzten Anprobe sagte Meister Pertegaz zu Letizia: »Ja, genau so habe ich es mir vorgestellt! Davon hatte ich immer geträumt. Das Hochzeitskleid ging mir einfach nicht mehr aus dem Kopf: Es begleitete mich, wenn ich ins Bett ging und wenn ich wieder aufstand. Ich bin sehr stolz darauf; es ist der brillante Abschluss meiner sechzigjährigen Modekarriere, und ich habe noch einmal meine ganze Erfahrung und Liebe in dieses Kleid hineingearbeitet. Besser konnte ich es nicht machen. Es wirkt zeitlos und doch voller Leben – und ich hoffe, es ist ein Zeitzeugnis, das in die Geschichte königlicher Hochzeiten eingehen wird.«
Letizia bedankte sich bei dem großen Manuel Pertegaz mit zwei Küsschen links und rechts auf die Wange.
Er strahlte sie an: »Bitte, verweilen Sie noch einen Moment. Noch darf ich Sie allein in diesem Kleid sehen, bald muss ich Sie und mein Kleid mit der ganzen Welt teilen …«

Das Brautkleid war also fertig. Es fehlte nur noch der Schleier, der traditionsgemäß bei allen königlichen Bräuten Europas ein Erbstück ist.
Die spanischen Prinzessinnen Elena und Cristina trugen bei ihren Hochzeiten den Schleier, den ihre Mutter Königin Sofia bei ihrer Trauung im Mai 1962 in Athen angelegt hatte. Ein Erbstück aus der griechischen Königsfamilie. Letizia wird aber Königin von Spanien und interessierte sich für den spanischen Schleier – denjenigen, den Königin Viktoria Eugenie trug, als sie im Jahre 1906 König Alfonso XIII. heiratete.
Als die Rede auf diesen Schleier kam, schwieg Letizias neue Familie plötzlich bedrückt. Schließlich erfuhr Letizia die Hintergründe: Nach der kirchlichen Hochzeit

Die wunderschöne Braut Letizia in der Vorstellung eines spanischen Volksmalers

hatten König Alfonso XIII. und Königin Viktoria Eugenie eine offene Kutsche bestiegen und waren an der jubelnden Menge vorbei durch die Straßen von Madrid gefahren. Plötzlich hatte ein Terrorist eine Bombe, die in einem großen Blumenstrauß versteckt war, auf die Hochzeitskutsche geworfen. 21 Menschen waren bei diesem gemeinen Attentat getötet worden, und Königin Viktoria Eugenies Brautschleier wurde über und über mit Blut bespritzt. Wie durch ein Wunder blieb das Königspaar bis auf ein paar Schrammen unverletzt. Das Hochzeitsessen aber wurde abgesagt, und die Nationalflaggen, die aus Anlass der Königshochzeit von allen Gebäuden wehten, wurden auf Halbmast gesetzt.
»Das bringt Unglück über uns, schreckliches Unglück«, hatte Königin Viktoria Eugenie unter Tränen gesagt. Sie hatte wohl eine Vorahnung, denn nur ein Jahr später kam ihr Sohn Alfonso mit der Bluterkrankheit zur Welt.

Wird Letizia etwa diesen Brautschleier zu ihrer Hochzeit tragen, am schönsten Tag ihres Lebens? Nun – die Antwort hierauf wird bis zur letzten Minute ein Geheimnis bleiben. Denn Letizia hat sich auf Anraten der königlichen Familie dazu entschlossen, kurzfristig zu entscheiden, ob sie diesen Schleier anlegen möchte oder einen ganz neu angefertigten. Tradition hin, Tradition her – die Braut wird ganz auf ihr Gefühl hören können.

Anfang Januar 2004 wurden die Hochzeitseinladungen auf feinstem Büttenpapier mit Wappen und Königskrone verschickt. Der Prinz und seine Verlobte haben 1400 Gäste aus der ganzen Welt eingeladen. Unter der erlauchten Gästeschar befinden sich sämtliche gekrönten Häupter Europas. Sogar Königin Elizabeth von England wird kommen! Nach sage und schreibe 53 Regierungsjahren fährt sie zum ersten Mal zu einer Auslands-

hochzeit, was einer kleinen Sensation gleichkommt. Die Queen wird mit ihrem Sohn Prinz Charles an der Zeremonie teilnehmen.
Felipe hat zudem die sechsunddreißig Staatschefs eingeladen, deren Länder er in der Vergangenheit persönlich besucht hat. An den Bildschirmen werden nach ersten Schätzungen 1,2 Milliarden Menschen auf der ganzen Welt die Trauung verfolgen. Und Letizias alter Sender, *TVE*, hat sich die Rechte für die Liveübertragung gesichert.

Die Herrscherpaare Skandinaviens sind eng mit der spanischen Königsfamilie verbunden und Gäste der königlichen Hochzeit (v.l. Königin Sonja und König Harald von Norwegen, Königin Margrethe und Prinzgemahl Henrik von Dänemark, Königin Silvia und König Carl Gustaf von Schweden)

Nach dem schrecklichen Terroranschlag vom 11. März 2004, bei dem über 200 Menschen ums Leben gekommen waren, sollte die Hochzeit verschoben werden. Aber König Juan Carlos sagte: »Nein. Wir lassen uns von feigen Attentätern nicht in die Knie zwingen. Wir sind *ein* Volk. Und wir werden gemeinsam mit hoch erhobenem Haupt in die Zukunft gehen.«

Spaniens höchster kirchlicher Würdenträger, Kardinal Rouco Varela, Erzbischof von Madrid, wird die Trauung von Felipe und Letizia am 22. Mai 2004 in der Almudena-Kathedrale vollziehen

Die Trauung findet in der Almudena-Kathedrale in Madrid statt. Sie ist die einzige Kirche der Welt, die ein Papst außerhalb des Vatikan jemals geweiht hat. Dies geschah am 15. Juni 1993 durch Seine Heiligkeit Papst Johannes Paul II. Die Almudena-Kathedrale ist neben dem Königspalast und dem spektakulären Heeresplatz neben dem Palast die grandioseste architektonische Einheit Madrids. Das Mittelschiff der Hochzeitskirche ist 83 Meter lang und hat zwei Nebenschiffe mit 18 Kapellen, die allesamt spanischen Heiligen gewidmet sind. Die Jungfrau von Almudena, der die Kathedrale geweiht und die die Schutzherrin der spanischen Hauptstadt Madrid ist, wurde vom Apostel Jakobus im 1. Jahrhundert von Jerusalem nach Spanien gebracht. Seither befindet sich die Marienstatue der Almudena in Madrid und wird von Gläubigen verehrt.
Das Brautpaar wird sich das Jawort am Hochaltar vor einer eindrucksvollen Christusskulptur aus Holz aus dem 18. Jahrhundert geben. Die Trauung wird um elf Uhr beginnen und eine Stunde dauern. Mit ihrem Jawort wird Letizia Ortiz Prinzessin von Asturien und Kronprinzessin von Spanien. Seine Majestät König Juan Carlos wird seiner Schwiegertochter noch am Tag der Hochzeit den Titel »Königliche Hoheit« verleihen.

Nach der Trauung werden der Prinz und die Prinzessin von Asturien bei gutem Wetter in einer offenen Kutsche, bei schlechtem Wetter im Rolls-Royce durch die Straßen von Madrid fahren. Der Hochzeitszug, begleitet von der berittenen Königlichen Leibgarde, hält nur einmal an: vor der Atocha-Kirche. Dort wird Prinzessin Letizia ihren Brautstrauß zu Ehren der Jungfrau von Atocha niederlegen. Auch das ist Tradition in der spanischen Königsfamilie, die die Jungfrau von Atocha seit Jahrhunderten verehrt.

Das Hochzeitsessen wird gegen 14.00 Uhr im Innenhof des Madrider Königspalastes stattfinden, dem so genannten Prinzenhof. Es werden Achtertische für die Gäste aufgestellt, und nur das Brautpaar und die Königsfamilie werden an einer langen Tafel sitzen. Sowohl das Porzellan wie auch das Tafelsilber stammen aus der Zeit von König Alfonso XIII. Die Gläser, versehen mit breitem Goldrand und Königswappen, sind sechsundsechzig Jahre alt und wurden von einer exklusiven Glasbläserei in Böhmen gefertigt.

Das berühmte Madrider 5-Sterne-Restaurant »Jockey«, Lieblingsgaststätte von König Juan Carlos und Königin Sofia, wird das Hochzeitsessen zubereiten. Das Menü wird im Restaurant gekocht und fertig in den Palast ge-

Während der Hochzeitszeremonie wird Letizia von ihrem Schwiegervater König Juan Carlos der Titel »Prinzessin von Asturien« verliehen

liefert, dazu werden ausschließlich spanische Weine gereicht. Das Essen wird aus Sicherheitsgründen – man denke an all die Staatschefs und gekrönten Häupter – von der Palastwache serviert werden. Dazu haben die königlichen Wachposten schon vor Wochen eine spezielle Ausbildung erhalten. Es wird ein farbenprächtiges Bild sein, denn die Wache trägt bunte historische Uniformen.

Prinz Felipe und Prinzessin Letizia hatten eine Einladung bekommen, ihre Hochzeitsreise kostenlos auf dem größten Transatlantik-Luxusdampfer der Welt, »Queen Mary 2«, zu verbringen. Aber sie hatten höflich abgesagt, denn niemand sollte erfahren, wo sie die Flitterwochen verbringen werden. Vom Prinzenpaar war nur zu hören: »Wir wollen beide ganz allein sein, auf den Flügeln bunter Träume schweben und Hand in Hand durch ein Meer von Glück wandern.« Und wer wünschte ihnen das nicht?

Die Hochzeitsgeschenke aus aller Welt werden noch einige Tage nach der Trauung im Madrider Königspalast ausgestellt sein. So können sich alle Spanierinnen und Spanier mit dem Prinzenpaar über die Präsente von Königinnen und Königen, aber auch von einfachen Menschen aus der Bevölkerung freuen.

Das Bürgermeisteramt von Oviedo, Letizias Geburtsstadt, hat dem Brautpaar bereits einen eigenen Hochzeitsmarsch geschenkt, der von dem jungen Musiker Jorge Muñiz komponiert wurde. Davon gibt es eine CD, die zurzeit im ganzen Land der große Renner ist.

Ganz bescheiden wird auf dem königlichen Gabentisch ein Büchlein von der zwölfjährigen Maria Montana aus Marbella liegen. Sie schickte dem Brautpaar den Roman »Der kleine Prinz« von Antoine de Saint-Exupéry

aus dem Jahre 1943. Das Buch ist in 52 Ländern der Erde erschienen. Das Mädchen schrieb vorne auf die erste Seite »Für Letizia und Felipe zur Hochzeit« und markierte mit einem gelben Leuchtstift den Satz, der bereits Millionen Leserinnen und Leser auf der ganzen Welt zu Tränen rührte: »Man sieht nur mit dem Herzen gut.«
Nicht im Madrider Königspalast ausgestellt sind zwei lebendige Hochzeitsgeschenke, die Felipe und Letizia von der Stadt Rute in Südspanien schon einige Wochen vor der Trauung bekommen hatten: Zwei Eselchen mit den Namen »Ruiseñor« (Nachtigall) und »Calandria« (Heidelerche). Der Ort befasst sich hauptsächlich mit der Eselzucht und will damit verhindern, dass diese nützlichen Tiere aussterben. Esel gelten in Spanien als Glücksbringer.

»Glück braucht jeder Mensch«, sagte Prinz Felipe zu diesem Geschenk. »Auch wenn ich heute an der Seite von Letizia wohl der glücklichste Mann auf der Welt bin.«
Auf die Zukunft und Kinder angesprochen, verriet er: »Wir wünschen uns weniger als fünf und mehr als zwei Kinder.«
Nach dieser Aussage kann man wohl davon ausgehen, dass die beiden drei oder vier kleine Prinzessinnen und Prinzen haben werden. Die Kinder, die Prinzessin Letizia zur Welt bringen wird, sind von allerhöchstem Adel. In Spanien rechnet man gern nach, wie viele gekrönte Häupter es unter den Vorfahren von Kronprinz Felipe gibt: Es sind nicht weniger als neun spanische Könige, zwei deutsche Kaiser, sieben russische Zaren, sieben dänische Könige und eine Königin, fünf schwedische Könige, ein König und eine Königin von Norwegen, eine Königin von England und fünf griechische Könige.

In den meisten Monarchien in Europa ist die männliche Thronfolge im Gesetz verankert. Dies gilt auch für Spanien. Das heißt, dass nur ein Sohn das Erbe der Krone übernehmen darf. In den Königreichen Schweden, Norwegen und Belgien dagegen darf nur das erstgeborene Kind eines Königspaares oder eines Kronprinzenpaares den Thron übernehmen, egal ob es ein Junge oder ein Mädchen ist. In Schweden ist derzeit Kronprinzessin Victoria die erste Anwärterin auf die Krone. In Belgien wird die zweijährige Erbprinzessin Elisabeth, Tochter von Kronprinz Philippe und Kronprinzessin Mathilde, später einmal Königin werden. Und in Norwegen lebt die jüngste Erbprinzessin der Welt: Ingrid Alexandra. Sie wurde am 21. Januar 2004 geboren und übernimmt den Thron eines Tages von ihren Eltern, dem heutigen Kronprinzenpaar Haakon und Mette-Marit.
Sollten Letizia und Felipe nur Töchter bekommen, ist der Thron aber keineswegs in Gefahr. Wenn Felipe König ist, müsste er das Parlament nur um die Änderung des Throngesetzes bitten, dahingehend, dass auch eine Prinzessin die Krone übernehmen darf. Im modernen Spanien ist sich heute jeder sicher, dass die Regierung ihre Zustimmung geben wird.
Aber »bis dahin werden noch viele Orangen von den Bäumen gepflückt«, wie es im spanischen Volksmund heißt.

Und welches Schicksal steht dem Kronprinzenpaar aus astrologischer Sicht bevor? Nach einer Umfrage glauben immerhin 82 Prozent der spanischen Bevölkerung an die Macht der Sterne. Neun von zehn Spaniern lesen täglich ihr Horoskop in Tageszeitungen und im Internet. Ist es positiv, freuen sie sich wie die Könige. Steht da etwas Negatives, so trösten sie sich damit, man müsse ja nicht alles glauben und ernst nehmen.

Der 72-jährige spanische Starastrologe José Maria Gonzales sah für Felipe und Letizia in die Sterne und errechnete ein Partnerschaftshoroskop, dessen Ergebnisse hier nachzulesen sind:
Felipe (30.1.1968) wurde unter dem Sternzeichen Wassermann geboren, sein Aszendent ist ebenfalls Wassermann. Letizia (15.9.1972) kam unter dem Sternzeichen Jungfrau zur Welt, ihr Aszendent ist wie bei Felipe ebenfalls Wassermann.
Eine Konstellation, die es nicht sehr oft gibt und die für Überraschungen sorgen könnte.
Hier ein Auszug aus der Deutung von José Maria Gonzales:

Felipe und Letizia teilen Begeisterungsfreude, Handlungswillen und Unternehmungslust. Beide geben den eigenen Ansichten und Bedürfnissen gern unmittelbar Ausdruck, was im Zusammenleben immer wieder zu Konflikten führen kann. So mag es zwischendurch vorkommen, dass sich Felipes Durchsetzungswille an der überaus aktiv gelebten Eigenständigkeit von Letizia reibt. Nur in klärenden Aussprachen ist dann eine konstruktive Lösung zu finden. Diese bewusste Auseinandersetzung macht die Partnerschaft für beide spannend und reizvoll. Der gemeinsame Lernprozess wird eine Bereicherung darstellen.
Felipes persönliches Lebensziel entspricht recht genau den Vorstellungen, die auch Letizia für sich realisieren möchte. In der Verwirklichung gemeinsamer Ideen können sie sich deshalb gut ergänzen und gegenseitig unterstützen. Dabei haben beide das Gefühl, nicht nur ihren persönlichen Wünschen zu folgen, sondern einer übergeordneten Idee verpflichtet zu sein.
Letizia ist für Felipe eine äußerst liebenswürdige, leidenschaftliche und charmante Partnerin, die ihm mit offenem Herzen begegnet. Sie versteht es, auf reizvolle,

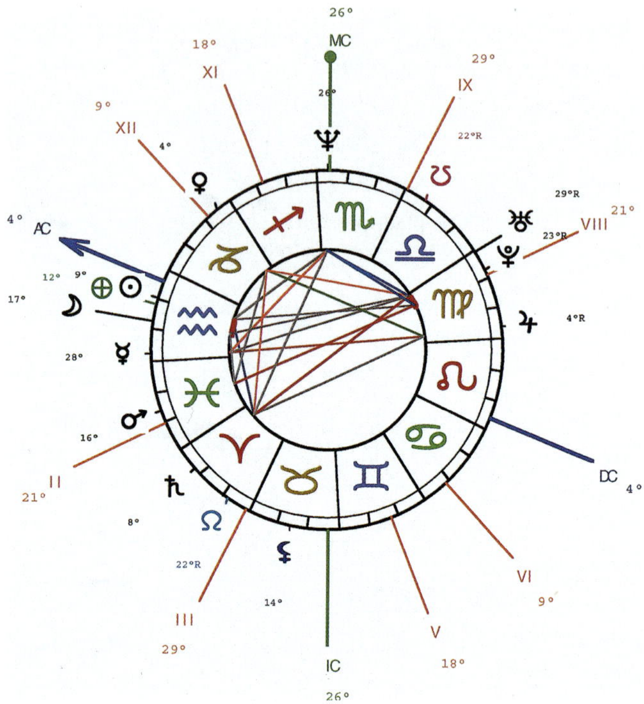

Das Geburtshoroskop von Kronprinz Felipe deutet auf einen leidenschaftlichen Romantiker hin

aktive Weise um ihn zu werben, die jedoch nie aufdringlich wirkt. Sie wird Felipe dazu anregen, seinerseits spontaner und unbeschwerter auf andere Menschen zuzugehen.

Letizias Direktheit wird Felipe in gewissen Momenten das Gefühl geben, als wolle sie allzu stark die Initiative an sich reißen. Damit fordert Letizia ihn jedoch indirekt dazu auf, seine eigene aktive Seite verstärkt in die Beziehung einzubringen.

Mitunter wird Felipe bei Letizia Gefühle hervorrufen, mit denen er nicht gerechnet hat und die über das hinausgehen, was er eigentlich beabsichtigte. Andererseits weiß er in manchen Fällen auch ganz intuitiv über die Stimmungslage seiner Frau Bescheid. Er kann ihr helfen, ihre eigenen Emotionen etwas weniger zu kontrollieren und ihnen vermehrt freien Lauf zu lassen.

Wenn in der Ehe zwischen den beiden schließlich eine

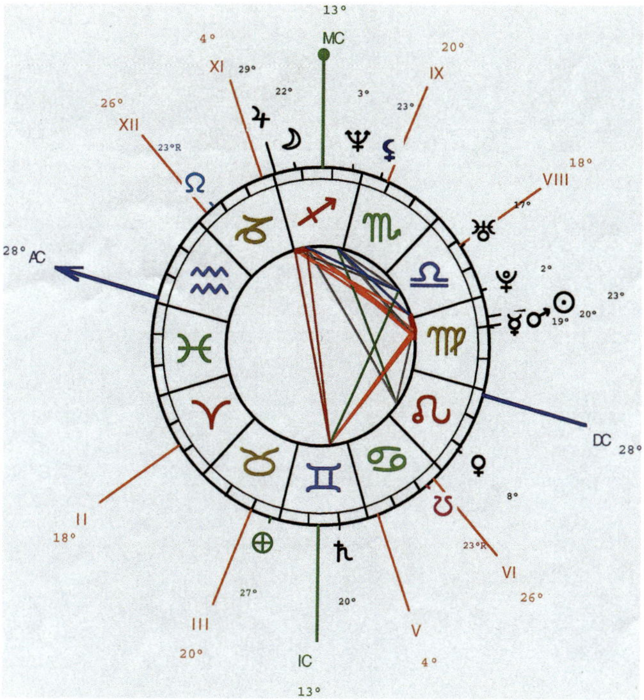

Letizias Geburtshoroskop verweist auf tief gehende Empfindsamkeit

ausreichende Vertrauensbasis besteht, werden auch kleine Konflikte niemals eine ernsthafte Bedrohung darstellen …

Der Astrologe José Maria Gonzales fasst zusammen: Alles in allem werden der Prinz und die Prinzessin von Asturien ein harmonisches Zusammensein erleben dürfen. Mit einem kleinen Funken Glück können Letizia und Felipe ihr gemeinsames Leben mit Bravour meistern und alle Hürden der Partnerschaft mit Respekt voreinander elegant nehmen.

Und später, wenn sie in der Almudena-Kathedrale von Madrid einmal zum König und zur Königin von Spanien gekrönt werden, dürfen sie sich an den schönsten Augenblick ihres Lebens erinnern: ihre Hochzeit. Die Krönung ihrer Liebe.

*Letizia und Felipe
auf dem Weg in eine
gemeinsame Zukunft*

Ein herzliches Dankeschön an …

… Ihre Majestäten den König und die Königin von Spanien
für wertvolle Informationen auf ihrer Website
www.casareal.es

… Holger, Tinky und Mausi

… Tonio Montel für die Erfahrungen in Bad Goisern

… meinen lieben Kollegen von *die aktuelle* im Gong-Verlag aus der
WAZ-Gruppe für ihre unermüdliche Unterstützung

Bildnachweis

S. 2: © Seeger-Press/Nieboer
S. 10: © Seeger-Press/prisma
S. 11: © Seeger-Press/prisma
S. 13: © Sipa Press
S. 14: © Seeger-Press/prisma
S. 16: © Seeger-Press
S. 17: © Seeger-Press/Matrix
S. 21: © Seeger-Press
S. 23: © dpa
S. 24: © Seeger-Press/Ruebsamen
S. 25: © Seeger-Press/Nieboer
S. 27: © Seeger-Press/Ruebsamen
S. 28: © Seeger-Press
S. 31: © Seeger-Press/Ruebsamen
S. 33: © Seeger-Press/prisma
S. 36: © Seeger-Press/Ruebsamen
S. 37: © Seeger-Press
S. 39: © Seeger-Press/Ruebsamen
S. 41: © Seeger-Press/Cover
S. 44: © Seeger-Press/prisma
S. 47: © Seeger-Press
S. 48: © Seeger-Press/prisma
S. 49: © Sipa Press/Dalmas
S. 51: © Seeger-Press/prisma
S. 53: © Seeger-Press
S. 55: © unbekannt
S. 56: © Sipa Press/Dalmas
S. 57: © Seeger-Press/prisma
S. 58: © Seeger-Press/prisma
S. 60: © Seeger-Press/prisma
S. 61 oben: © Seeger-Press/prisma
S. 61 unten: © Seeger-Press/prisma
S. 66: © Seeger-Press/prisma
S. 69: © dpa/UPI
S. 70: © Seeger-Press/Conti
S. 71: © Corbis (Sygma)
S. 73: © Dalda
S. 77: © Corbis (Sygma)/C. Spengler
S. 78: © GAMMA/Vandeville
S. 81: © Seeger-Press/prisma
S. 82: © Seeger-Press/prisma
S. 83: © Sipa Press
S. 85: © Seeger-Press/R
S. 87: © Seeger-Press/prisma
S. 88: © Seeger-Press/prisma
S. 93: © Seeger-Press/prisma
S. 94: © Seeger-Press/prisma
S. 95: © Sipa Press
S. 96: © Seeger-Press/prisma
S. 99: © Seeger-Press/prisma
S. 101: © Seeger-Press/Conti
S. 103: © unbekannt
S. 108: © IFA-Bilderteam/Bumann, Gerhard
S. 110: © Sipa Press
S. 112: © Seeger-Press/prisma
S. 113: © Seeger-Press/Minka Reddig
S. 114: © Seeger-Press/prisma
S. 115: © Seeger-Press/Conti
S. 116: © Seeger-Press/Nieboer
S. 118: © Seeger-Press/prisma
S. 121: © Seeger-Press/prisma
S. 123: © Seeger-Press/prisma
S. 124: © Seeger-Press/prisma
S. 125: © Seeger-Press/prisma
S. 127: © Seeger-Press/prisma
S. 131: © dpa
S. 132: © Seeger-Press/prisma
S. 134: © dpa
S. 137: © Seeger-Press/Cover
S. 138: © Corbis (Sygma)/Dusko Despotovic
S. 139: © Seeger-Press/prisma
S. 141: © Seeger-Press/prisma
S. 142: © dpa
S. 144: © Seeger-Press/prisma
S. 145: © Seeger-Press
S. 146: © Seeger-Press/Nieboer
S. 149: © dpa
S. 151: © Seeger-Press/prisma
S. 152: © Seeger-Press/prisma
S. 154: © Seeger-Press/Nieboer
S. 155: © Seeger-Press/prisma
S. 157: © Seeger-Press/prisma
S. 158: © Seeger-Press/prisma
S. 165: © GAMMA/Francis De mange
S. 168: © Seeger-Press/prisma
S. 170: © Seeger-Press/prisma
S. 173: © Seeger-Press/Press News
S. 175: © Seeger-Press/prisma
S. 177: © Angeli
S. 180: © José Carlos Grazia
S. 181: © dana press/Charles Hammarsten
S. 182: © Seeger-Press
S. 183: © Seeger-Press
S. 188: privat
S. 189: privat
S. 190: © Angeli/Lalo Yasky

Es konnten trotz gewissenhafter Recherche nicht alle Urheber ermittelt werden. Wir empfehlen Rechteinhabern, die hier nicht aufgeführt sind, sich beim Verlag zu melden.